التعلم التنظيمي وأثره
في تحسين الأداء الوظيفي

تأليف
فايز عبدالرحمن الفروخ

المملكة الأردنية الهاشمية

رقم الإيداع لدى دائرة

المكتبة الوطنية

(2010/6/2154)

350

الفروخ, فايز عبد الرحمن

التعليم التنظيمي وأثره في تحسين الأداء الوظيفي / فايز عبد الرحمن الفروخ

عمان : دار جليس الزمان 2010.

ر.أ.: (2010/6/2154)

الواصفات: إدارة الأفراد // التعليم التنظيمي // الأداء الوظيفي // التربية

● أعدت دائرة المكتبة الوطنية بيانات الفهرسة والتصنيف الأولية

ISBN 978-9957-81-113-6

يتحمل المؤلف كامل المسؤولية القانونية عن محتوى مصنفه ولا يعبر هذا المصنف عن رأي دائرة المكتبة الوطنية أو أي جهة حكومية أخرى

الطبعة الأولى

2010

الناشر

دار جليس الزمان للنشر والتوزيع

شارع الملكة رانيا- مقابل كلية الزراعة- عمارة العساف- الطابق الأرضي, هاتف:

0096265356219 فاكس -- 009626 5343052

الإهـداء

إلى الروح الطاهرة التي بنت الاردن الحديث، المغفور له بإذن الـلـه "الملك الحسين بن طلال" طيب الـلـه ثراه - وإلى الشبل الهاشمي الذي سار على نهجه وخطاه، راعي الأردن المجيد، وعميد آل البيت جلالة "الملك عبدالله الثاني بن الحسين" المعظم حفظه الـلـه ورعاه .

إلى روح والدي الشهيد "عبدالرحمن محمد كساب" الذي روى بدمائه الطاهرة أرض الكرامه والرباط في معركة الكرامة عام 1968 .

إلى من علمتني معنى الحياه، إلى الشمعة التي أنارت دربي، "جدتي ووالدتي العزيزتين .

إلى معنى الحب والأمل والطموح والتي تحملت معي شظف العيش، وعنائي في البحث والدراسة، وتمنت لي الخير دائما "زوجتي". وإلى من عشت وسأعيش لأجلهم وابني محمد وابنتي "بان" و"سندس" وإلى من لهم أصدق المشاعر وأرق الذكريات، وسندي بالحياه، والذين يسعدهم نجاحي وتقدمي، "إخواني وأخواتي"، أعمامي وأخوالي وأقاربي وأصدقائي وقادتي وزملائي .

إليهم جميعا أهدي هذا الجهد المتواضع لعله ينال إعجاب كل مطلع وقارئ

الفصل الأول
خلفية الدراسة ومشكلتها

الفصل الأول
خلفية الدراسة ومشكلتها

1 .1 المقدمة:

إن نجاح الدول في تحقيق أهدافها وتطلعاتها يرتبط بقدرة مؤسساتها على إنجاز المهام الموكلة لها على أحسن وجه وعلى قدرة تلك المؤسسات على استكشاف العناصر المترتبة على الأداء البشري من حيث الكفاءة والإنتاجية الأمر الذي ينعكس أثره على الفعالية الكلية للمنظمة.

ويمثل العنصر البشري موردا هاما من موارد المنظمة، وأصلا من أصولها، إذ لا يمكن أن تحقق أهدافها دون وجود الموارد البشرية المدربه الماهره، وهو حجر الزاوية في العملية الإدارية، وغاية المجتمع ورأس مال المنظمة. ومع دخول المنظمات إلى القرن الحادي والعشرين، وما حدث من تغييرات متسارعة، حتى أصبح الشيء الثابت هو التغيير، والتحديات العالمية التي تمثلت في العولمة وسماتها، مثل:- التكتلات الاقتصادية، التحالفات الاستراتيجية وغيرها، والتي أدت إلى تبني المنظمات مفاهيم إدارية جديدة للتكيف مع هذه المتغيرات، ومن هذه المفاهيم "التعلم التنظيمي" "والمنظمة المتعلمة" "وتمكين الافراد".

وأصبحت المنظمات تتعامل مع الموارد البشرية على أنها طاقة ذهنية وفكرية، ومصدر للمعلومات والمعرفة، والإبداعات والابتكارات، كما قامت أيضا بمضاعفة الاهتمام بهذه الموارد، وتهيئة البيئة الصحية اللازمة لأداء العمل.

وعلى الرغم من تزايد أهمية دراسة التعلم التنظيمي، ودورها في تحقيق أهداف المنظمة، أصبح مفهوم التعلم التنظيمي (Organizational learning) ومنظمات التعلم (Learning Organizational) أحد المفاهيم الأساسية التي اهتم بها المديرون والباحثون والممارسون في تحسين الأداء الوظيفي"انجلهارد ونغيل" (Engelhard, :264 and Nägele, 2003).

أما الأداء فينظر له على أنه من العمليات الإدارية الأساسية، ومن المواضيع الحساسة التي لابد من الاهتمام بها عند التفكير، والتخطيط لعمليات التطوير في أية مؤسسة، فمن خلالها تتمكن الإدارة العليا من تصميم وإعداد برامج تطويرية تتناسب مع ظروف المؤسسة واحتياجاتها، وقدراتها الفعلية، وبدون إجراء تقييم لأوضاعها سيكون من الصعب على المؤسسة إعداد خطط وبرامج مستقبلية مناسبة.

إن جميع المنظمات سواء أكانت عامة أم خاصة، تمتلك نوعا من التقييم الرسمي أو غير رسمي، كما يتكون النظام الإداري لأية منظمة أو مؤسسة خدمية أو إنتاجية من مجموعة من العلاقات التنظيمية المترابطة فيما بينها، في البنى والعناصر، ومتفاعلة في النشاط والأداء ، بوصفها نظما فرعية- Sub systems، يتشكل من خلالها النظام الكلي للتنظيم في المنظمة ،كما تتحدد من خلال أنشطتها المتفاعلة مع بعضها العملية التشغيلية الموصلة إلى تحقيق الأهداف. ويجسد التعلم التنظيمي بعدا أساسيا من أبعاد(التقييم المؤسسي- Institutional Evaluation)، من خلال معطياته المتضمنة الرؤية المشتركة بين أعضاء التنظيم، والعمل من خلال الفريق، والهيكل التنظيمي المرن، الأمر الذي يؤدي إلى تحسين أداء العاملين، دنتون (Denton, 1998).

تعد عملية تحسين أداء العاملين عصب التطوير الإداري، حيث يتم من خلالها متابعة أداء الموظف، وتحسين قدراته الوظيفية، ولها تأثيرات في سلوك الأفراد وجماعات العمل؛ لتكون نتائج الأداء متماشية وأهداف المنظمة، وتعطي العامل القدرة على إنجاز المهام والواجبات الموكولة إليه، وتحمل مسؤوليات إضافية تحقق له درجة عالية من الرضى الوظيفي، وتعطيه القدرة على التكيف مع بيئة العمل، وبذلك يمكن استكشاف العناصر المترتبة على الأداء البشري من حيث الكفاءة الإنتاجية، الأمر الذي ينعكس أثره في الفعالية الكلية للمنظمة.

1. 2 مشكلة الدراسة

أدى الاعتراف بأهمية الدور الذي تؤديه عملية تقييم الأداء في نجاح المنظمات، واعتبارها أساسا من أسس العملية الإدارية، إلى قيام الباحثين والأكاديميين والممارسين بدراسة وتحليل العوامل المؤثرة في أداء العاملين، "إذ إن اختيار العاملين ذوي القدرات العالية في العمل لا يكفي وحده لضمان الإنجاز بالشكل المطلوب"، حيث يحتاج الأمر إلى عامل آخر يقع على عاتق هذه المنظمات توفيره، يتمثل في الاهتمام بالأفراد، وإيجاد رؤى وسياسات تهتم بالتعلم التنظيمي، والتي تفتقر إليه مؤسساتنا لتحقيق مستويات عالية من الإنجاز. انكبن(Inkpen, 1995:48) وبما أن التعلم التنظيمي يعد أحد العوامل المؤثرة في أداء العاملين؛ لذا فان مشكلة الدراسة تتمثل في الإجابة عن التساؤل التالي: **ما مدى توافر التعلم التنظيمي وأثره في تحسين الأداء الوظيفي لدى العاملين في المؤسسات العامة الأردنية ؟ .**

1 . 3 أهمية الدراسة:

تستمد هذه الدراسة أهميتها مما يلي:

1. بما أن عملية التعلم التنظيمي هي عملية متكاملة تجمع بين البعد الإستراتيجي والتنظيمي والثقافي، فإن هذه الدراسة تربط بمتغير هام هو الأداء.

2. بما أن مفهوم التعلم التنظيمي حديث العهد نسبيا في البيئة الأدارية، فإن إخضاع هذا المفهوم للدراسة التطبيقية يعطيها أهمية واضحة ضمن الإطار العلمي لأساليب الإدارة المتقدمة في اكتساب المعارف والمهارات، واستخدامها في تحسين الأداء الوظيفي.

3. تسهم هذه الدراسة في إغناء المكتبة العربية بموضوع جديد قد يحظى باهتمام الباحثين والممارسين، ويعد نقطة انطلاق لدراسات أخرى.

4. أهمية موضوع تقييم الأداء، ويحظى هذا المفهوم بالأهمية الفائقة، فقد كان حتى عهد قريب مهملا نسبيا وموزعا بين الوظائف الإدارية المعروفة، ولم يعط الاهتمام الكافي، كما أن عملية تقييم الأداء ضرورية لمراقبة وتوجيه العاملين نحو تحقيق الأهداف، وتطوير قدراتهم، وتحسين أدائهم في الحاضر والمستقبل.

1 . 4 أهداف الدراسة:

تهدف الدراسة إلى تحليل أثر عملية التعلم التنظيمي في تحسين الأداء الوظيفي لدى العاملين في المؤسسات العامة الأردنية، وينبثق من هذا الهدف الأهداف الفرعية التالية:

1- تقديم إطار نظري مناسب يوضح مفهوم التعلم التنظيمي وأبعاده.

2- التعرف على درجة ممارسة التعلم التنظيمي في المؤسسات العامة الأردنية.

3- التعرف على مستوى أداء العاملين في المؤسسات العامة الأردنية.

4- تحليل العلاقة الارتباطية بين متغير الدراسة المستقل (التعلم التنظيمي) وكل بعد من أبعاده والمتغير التابع (الأداء الوظيفي).

5- تقديم توصيات واقتراحات لإدارة المؤسسات العامة، لمساعدتهم في تحسين أداء العاملين، من خلال ممارسة التعلم التنظيمي في المؤسسات العامة الأردنية.

1. 5 أسئلة الدراسة:

تهدف الدراسة إلى الإجابة عن الأسئلة الآتية :

السؤال الأول: ما درجة ممارسة التعلم التنظيمي في المؤسسات العامة الأردنية؟

السؤال الثاني: ما مستوى أداء العاملين في المؤسسات العامة الأردنية؟

السؤال الثالث: هل هنالك علاقة ارتباطية بين متغير الدراسة المستقل (التعلم التنظيمي) وكل بعد من أبعاده والمتغير التابع (الأداء الوظيفي) وكل بعد من أبعاده؟

1. 6 فرضيات الدراسة:

من أجل تحقيق أهداف الدراسة, تم صياغة الفرضيات التالية :

الفرضية الأولى: لا يوجد أثر هام ذو دلالة إحصائية للبعد الاستراتيجي للتعلم التنظيمي(الرؤية المشتركة بين أعضاء التنظيم، المتغيرات البيئية، استراتيجية التعلم) في الأداء الوظيفي في المؤسسات العامة الأردنية.

الفرضية الثانية: لا يوجد أثر هام ذو دلالة إحصائية للبعد التنظيمي للتعلم التنظيمي (العمل من خلال الفريق، الهيكل التنظيمي المرن، إيجاد المعرفة) في الأداء الوظيفي في المؤسسات العامة الأردنية.

الفرضية الثالثة: لا يوجد أثر هام ذو دلالة إحصائية للبعد الثقافي للتعلم التنظيمي (التعلم من الأخطاء، البيئة المساندة للتعلم، الجودة الكلية للتعلم) في الأداء الوظيفي في المؤسسات العامة الأردنية.

الفرضية الرابعة: لا توجد فروق ذات دلالة إحصائية في تصورات المبحوثين نحو (درجة ممارسة التعلم التنظيمي) تعزى للمتغيرات الديموغرافية (النوع الاجتماعي، العمر، المؤهل العلمي، الخبرة، المسمى الوظيفي).

الفرضية الخامسة: لا توجد فروق ذات دلالة إحصائية في تصورات المبحوثين نحو (الأداء الوظيفي) تعزى للمتغيرات الديموغرافية (النوع الاجتماعي، العمر، المؤهل العلمي، الخبرة، المسمى الوظيفي).

الفصل الثاني
الإطار النظري والدراسات السابقة

الفصل الثاني
الإطار النظري والدراسات السابقة

1 .2 الإطار النظري

مفهوم التعلم التنظيمي: Organizational learning

إن مفهوم التعلم التنظيمي ومنظمات التعلم لا يعد حديث النشأة، بل تمتد جذورة إلى أدبيات نظريات التنظيم ونظرية النظم. سينج(Senge,1990) ، ويعرف روبي وسالي(Robey & Sales,1994) التعلم التنظيمي على أنه "عبارة عن عملية اكتساب المعلومات، ثم تخزينها في ذاكرة المنظمة، ثم الوصول إلى هذه المعلومات، ثم مراجعتها و تنقيحها من حين لآخر". أو أنه يعبر عن " التصرف المتعمد التي تقوم به المنظمة لإحداث التغيير المستمر فيها، من خلال التعلم التكيفي والإبتكاري " كالفيرت(Calfert et.al, 1994).

وترى ديكسون (Dixon, 1994) التعلم التنظيمي بصورة مختلفة . حيث نبهت إلى وجوب النظر إلى مفهوم التعلم التنظيمي باعتباره أكثر من مجرد اكتساب المعلومات، حيث تعتقد بأنه العملية التى توجد هذه المعلومات . وهي ترى أن التعلم التنظيمي ليس ما يعرفه أعضاء المنظمة كمجموعة من معارف ومعلومات , بل إنه التوظيف الجماعي لإمكانات الأفراد من أجل إضفاء معان على الاشياء الموجودة من حولهم ، وإن كان ذلك لا يلغي أهمية التعلم الفردي.

وبين بيرنارد (Bernard, 1997) أن التعلم التنظيمي يحدث من خلال رؤى مشتركة للمعرفة ونماذج موحدة للتفكير، والمبنية على الخبرات والمعارف الماضية الموجودة بالذاكرة.

وعرفه (هيجان،1998) على أنه "عملية مستمرة نابعة من رؤية أعضاء المنظمة، حيث تستهدف هذه العملية استثمار خبرات وتجارب المنظمة، ورصد المعلومات الناجمة عن هذه الخبرات والتجارب في ذاكرة المنظمة، ثم مراجعتها من حين لآخر للإستفادة منها في حل المشكلات التي تواجهها، وذلك في إطار من الدعم والمساندة من قيادة المنظمة بشكل خاص والثقافة التنظيمية بشكل عام". كما يرى جوه(Goh, 1998) بأنه "يمثل نشاطا طويل الأجل يهدف لبناء* "المزايا التنافسية" على المدى البعيد، ويتطلب اهتمام الإدارة الدائم والتزامها بهذا النشاط وبذل الجهود لتحقيقه".

بينما عرفه جاكولين وجاب(Jacqueline & Jaap, 1999) بأنه عملية تحسين الأعمال من خلال معرفة مفهومة ومتميزة.

وعرفه بوبر وليبشتز(Popper & lipshitz, 2000) بأنه "آلية التعلم التي تتبناها المنظمات وتجعلها جزءا من ثقافتها التنظيمية".

ويعتبر شن(Chen,2005) أن الوعي المتنامي بالمشكلات التنظيمية والنجاح في تحديد هذه المشكلات وعلاجها من قبل الأفراد العاملين في المنظمات، بما ينعكس على عناصر ومخرجات المنظمة ذاتها. وهذه الرؤية تتضمن بصفة عامة عنصرين أساسيين هامين هما: الوعي بالمشكلات المرتبط

---

* **المزايا التنافسية** : ويمثل النشاط الشمولي المستمر والذي يعكس نجاح المنظه واستمراريتها وقدرتها على التكييف مع البيئه او فشلها وانكماشها وفق اسس ومعايير محدوده تضعها المنظمه وفقا لمتطلبات نشاطها وعلى ضوء الاهداف طويلة الامد (الحسيني، 2000: 17).

بمستوى المعرفة الموجودة في المنظمة، والمخرجات الناجمة عن هذا الوعي والمبنية على الإجراءات التي تتخذها المنظمة في التعامل مع هذه المشكلات.

ويرى يو(Yeo, 2006) أن هنالك نوعين من التعلم هما : التعلم ذو الاتجاه الأحادي، وهو التعلم الذي ينبع من تمسك المنظمة بسياساتها الراهنة في محاولة لتحقيق أهدافها وتجنبها الكشف عن أخطائها ومحاولة تصحيحها. والنوع الآخر التعلم ذو الأتجاه المزدوج ، وهو التعلم الذي يتحدى الافتراضات أو المسلمات التي تقوم عليها السياسات والأهداف ، ومحاولة كشف الأخطاء وتصحيحها، وذلك من أجل تقديم المزيد من الفهم الشامل والمنظم للقوى التي تدفع المنظمة لتحقيق هذه السياسات أو الأهداف. ولهذا يعتقد بأن المنظمات تواجه صعوبة في التعلم ، وأن هذه الصعوبة تعود في جزء منها إلى أن المنظمات من النادر أن تعيد النظر في المسلمات أو السلوك السائد فيها ، كما أن الكثير منها يحجم عن الاعتراف بأخطائها وتصحيحها، ذلك الذي يمثل جوهر التعلم التنظيمي.

ويعرف المؤلف التعلم التنظيمي بأنه: دورة الحياة المستمرة للمنظمة، والرؤية المشتركة والمخطط لها لرفعة وبقاء المنظمة في حيز وجود المجتمع التنظيمي، وذلك من خلال الجهد المنظم والوعي المتنامي، والنابع من معرفة وخبرة قيادة المنظمة وثقافتها التنافسية، واستراتيجيتها المترتبة على إحداث التغيير المستمر، من خلال رصد المعلومات المحدثة باستمرار في ذاكرتها، والاستفادة من خبراتها وتجاربها، وحل مشكلاتها للوصول بها وبأفرادها الى المستوى الذي يضمن تحقيق سياستها وأهدافها الادارية المستقبلية، مع تحقيق أعلى درجة من الكفاءة والمنافسة، واتخاذ القرارات السليمة، وتحسين الأداء التنظيمي.

أهمية التعلم التنظيمي:

إن الفائدة المتوخاة من الاهتمام بالتعلم التنظيمي من قبل المنظمات الإدارية، يظهر من خلال تركيز الجهود ، والتعرف على جدواه وعلى إنجاز الموظفين العاملين تحت لوائها، وهذا كله مدعاة لكي تقف الإدارة بعين الإطلاع على حقيقة الأداء والإنتاجية، وعلى نواحي التقصير والتحولات المطلوبة، من خلال الاهتمام بمهارة إيجاد المعرفة أو الحصول عليها وتبادلها مع جميع العاملين فيها، والتي تسهم وبدرجة فاعلة في بيان المعطيات التقويمية لهذه النواحي الأساسية في داخل المنظمة الإدارية. جارافن(Garavan, 1997).

وبسبب جوهرية الأهداف التي يمكن أن تحققها العملية، فأنها تعطى اهتماما خاصا من قبل إدارة الموارد البشرية في المنظمات المعاصرة للوصول من خلالها إلى المزايا الهامة المتمثلة بإيجاد استراتيجية للتعلم التنظيمي المخطط (الرؤية المشتركة بين أعضاء التنظيم، المتغيرات البيئية، استراتيجية التعلم)، والبعد التنظيمي(العمل من خلال الفريق، الهيكل التنظيمي المرن، إيجاد المعرفة) وثقافة المنظمة التي تساند التعلم، (التعلم من الأخطاء، البيئة المساندة للتعلم، الجودة الكلية للتعلم)(أيوب، 2004).

ولعل الاهتمام المتزايد بالتعلم التنظيمي يأتي من خلال رؤية الباحثين لأهمية هذا المفهوم، والتحدي الذي يواجهونه في تدعيم الإفتراضات الأساسية التي يقوم عليها، وتعريف دوره , والآلية التي يستند إليها في تحسين الأداء الوظيفي. وبين انكبن(Inkpen, 1995:48) أنه على الرغم من الاعتقاد السائد بأهمية التعلم التنظيمي في نجاح المنظمات، فإن هذا المفهوم لا يزال يفتقر إلى الدراسات في هذا المجال.

ويرى كانديكار وشارما(Khandekar & Sharma, 2005) أن قـدرة أي نظـام على البقاء والحفاظ على تكامـله وتوازنه يتطلب أن يكون مستوى المعرفة الناتجة عنه مساويا على الأقل لمستوى التغير الموجود في البيئة. ولأن المنشأة هي نظام مفتوح تتأثر بمـا يحدث حـولها، فلا بـد أن يـتلاءم معـدل التغيير والـتعلم في المنشـأة مـع معـدل التغير في البيئة.

وحدد دينتون(20: Denton, 1998) مجموعة من العوامل التي أدت إلى زيادة اهتمام المنظمات بعملية التعلم التنظيمي ويشمل:

1- التحول في الأهمية النسبية لعوامل الإنتاج من رأس المال المادي إلى رأس المال الفكري .
2- القناعة المتزايدة بأن المعرفة هي المصدر الأساس لتحقيق المزايا التنافسية.
3- زيادة سرعة التغير في البيئة المحيطة بالتنظيمات .
4- زيادة الشعور بعدم رضى المديرين و العاملين بالنموذج التقليدي للإدارة، والذي يقوم على إصدار الأوامر و الرقابة المباشرة على الأداء .
5- ارتفاع حدة المنافسة في بيئة الأعمال الدولية .
6- ضرورة تعرف مشروعات الأعمال على احتياجات العملاء المتزايدة والمتغيرة وتلبيتها .

ويرى هودجكنسون(Hodgkinson, 2000:159) أن عملية التعلم تتكرر وتأخذ شكل دورة مستمرة، تبدأ بالحصول على المعلومات المرتدة حول النتائج التى تم تحقيقها، وفي حال وجود فجوة بين النتائج المخططة والمحققة، فإن المنظمة تقوم بالتعرف على الأسباب المؤدية لوجود الفجوة واتخاذ

القرارات التصحيحية. وتستخدم الاستقصاء والخبرات في وضع خطط جديدة وتطبيقها، والحصول مرة ثانية على المعلومات المرتدة حول النتائج المحققة، وذلك في شكل دورة مستمرة. تلك العملية تؤدي إلى زيادة المعرفة بأوضاع المنظمة وبيئتها، وتعديل التصرفات للوصول إلى توافق ملائم بين التوقعات والنتائج، بحيث يصبح التعلم الذي ينتج عن البحث والاستقصاء جزءا راسخا في ذهن الأفراد، يعكس رؤيتهم لكيفية التعامل مع مشاكل المنظمة وبيئتها. فريدمان وآخرون(Friedman 2005:24 et al,

ركائز ومقومات التعلم في المنظمة:

يرى أورتنبلاد (Ortenblad, 2004) أن هنالك أربع ركائز للتعلم في المنظمة:

1. التعلم التنظيمي: Organizational learning

إن المنظمات تتعلم من خلال التحسين المستمر. وتستهدف هذه العملية استثمار خبرات وتجارب المنظمة، ورصد المعلومات الناجمة عن هذه الخبرات والتجارب في ذاكرة المنظمة، ثم مراجعتها من حين لآخر؛ للاستفادة منها في حل المشكلات التي تواجهها.

2. تعلم العمل: Work learning

ويتم من خلال تزويد الأفراد العاملين بالمعلومات والأساليب الجديدة عن طبيعة أعمالهم وتغيير سلوكهم؛ لأن كفاءة المنظمة وقدرتها تقاس في كفاءة الأفراد العاملين بها. وذلك من خلال طرح خطط وبرامج عامة تسعى من خلالها إلى تحسين قدرة ومهارة الأفراد للقيام بأعمالهم المستقبلية, بينما التدريب هو جزء من خطط التنمية، يميل إلى وضع برامج متخصصة للقيام بأعمال محددة بهدف تحسين قدرة الأفراد، وإحداث تغيير في سلوكهم للقيام

بأعمال آنية، أو التي تسند إليهم في المستقبل القريب ضمن أهداف المنظمة الواحدة.

3. تعلم الهيكل: Structure Learning

وينظر إلى تعلم الهيكل باعتباره وسيلة لتحقيق الأهداف والأغراض التي تبتغيها المنظمة، ويمثل الإطار العملي المحدد لشكل العلاقة بين المهمة وبين السلطة، فهو النموذج المعياري للبناء والعمليات التنظيمية. كما أنه جسد المنظمة الذي توجد فيه القواعد والعلاقات الرسمية للأفراد والجماعات، والوحدات والأنظمة الفرعية، والهيكل هو تجسيد لمحاولات الإدارة في ترتيبها لهذه المتغيرات، لكي يوجه العمل نحو تحقيق أهداف المنظمة، واستمرارها.

4. تعلم المناخ: Climate Learning.

إن التطوير التنظيمي أو الإداري"Organizational Development" هـو طريق التعلم التنظيمي، حيث يعتقد روبنز أن التطوير التنظيمي مصطلح يتضمن مزيجا من النشاطات مثل:- التغيير المخطط Planned- change ، والتدخل بقصد التجديد والتحديث Intervention، وبناء القيم الإدارية الديموقراطية والإنسانية بقصد تطوير الفعاليات الإدارية وأحوال العاملين.

ويقترح روزماري (Rosemary, 1996: 22) مقومات التعلم التنظيمي في المنظمة على النحو التالي:

1- **الهيكل التنظيمي Organizational Structure** ويتضمن ذلك قنوات انسياب السلطة ، وخصائص الهيكل التنظيمي بما في ذلك الإدارات والأقسام والفروع، ووصف الوظائف واللجان...الخ. وما يتعلق بالتعلم هـو عدد المستويات الإدارية الهرمية للمنظمة، فكلما زاد عدد المستويات الإدارية

في المنظمة، يكون ذلك على حساب استقلالية العاملين وسلطاتهم ونفوذهم. كما يمكن التنويه هنا إلى العلاقة بين الهيكل التنظيمي وثقافة المنظمة وقناعات إدارتها، فيما يختص بالنمط الإداري والقيادي، ودرجة اعتماد النمط الآمر والتسلطي.

إن نجاح جهود التعلم التنظيمي في المنظمة ذات التنظيم الهرمي العميق يتطلب إجراءات هامة وإعادة هيكلة، إذا رغبت إدارة المنظمة بتحويل بيئتها وثقافتها إلى أسلوب العمل الجماعي المشارك بدلا من الأسلوب التقليدي الآمر، وتسعى لإنجاح ذلك.

2- **النمط الإداري** Management style   بعد تحديد الهيكل التنظيمي لابد من تقييم أسلوب إدارة العاملين ، أي تقييم أسلوب الإشراف في كل مستوى من المستويات الإدارية (ما هو الأسلوب الإداري السائد وما هو المطلوب)، وكذلك تحديد نطاق الإشراف المطلوب. إن نطاق الإشراف المتسع يعني تقليل الإشراف المباشر على كل فرد من المرؤوسين، مما يؤدي إلى نوع من الاستقلالية لديهم، والعكس صحيح، والاستقلالية بدورها تقود إلى التعلم التنظيمي.

3- **سجل العامل** Worker profile   لابد كذلك من دراسة وتحليل خصائص الأفراد العاملين، من حيث مدى اتساع مهامهم وقدراتهم التعليمية الفعلية والمطلوبة، وتنوعهم، وتفاعلهم مع غيرهم من العاملين، ومع رؤسائهم. فكلما سمح للأفراد بالتنوع زاد ذلك من شعورهم بمزيد من المكانة في العمل، وبالمقابل فأنه كلما كانت أجواء العمل أكثر رسمية زادت الصبغة الرسمية، مما سيؤدي إلى خنق الشعور بأهمية العمل ومكانة الفرد في المنظمة، كما يقود ذلك إلى إيجاد مستوى أدنى من التعلم التنظيمي. كما أن

الفجوة الكبيرة في التعليم ما بين الإدارة والعاملين تشكل عائقا للشعور بالكفاءة الشخصية لدى العاملين. وفي المنظمات الفتية وذات الاختصاصات العالية تتوافر البيئة المناسبة لنجاح برامج التعلم التنظيمي.

4- **القوة والنفوذ غير الرسمي Informal Power** يمكن أن تكون القوة والنفوذ غير الرسمي أي شيء قد ينتج عن تأثير حركة الاتحادات، ونقابات العمال، أو رجالات المنظمة الأوائل المحنكين. وبالنسبة لأثر نطاق الإشراف، فإن العاملين في ظل نطاق إشراف واسع نوعا ما يكون لديهم درجة أكبر من الاستقلالية، وبهذا يكون لديهم شكل من التعلم غير الرسمي، ويكون هناك نوع من مصدر القوة غير الرسمية. ومن المهم تمييز هذه المصادر للقوة من أجل عدم الاصطدام معها في عملية التعلم التنظيمي . إن أفضل طريقة لاكتشاف مصادر القوة غير الرسمية هي ملاحظة أعمال الأفراد يوميا، وملاحظة الذين يتفاعلون معهم، وما هي طبيعة التفاعل. ودراسة أحوال العاملين خلال فترات الراحة، الغداء، والفترات خارج العمل، وملاحظة كيفية تنظيمهم اجتماعيا.

5- **الثقافة التنظيمية Organizational Culture** بالإضافة إلى ما ذكر في العديد من الخطوات السابقة والمتضمنة مؤشرات جيدة بماهية ثقافة المنظمة ، فهناك عوامل أخرى من الممكن إدراجها لتقييم ثقافة المنظمة، مثل:- تاريخ المنظمة، مهمة المنظمة، وماذا تزود الجمهور، وكيفية التزويد، بالإضافة إلى الاستقرار المالي للمنظمة، وفرص التقدم ، وبرامج المكافآت، والحوافز في المنظمة، والمعنويات....الخ. إن الأمر الأساس في هذه الخطوة هو ملاحظة الافتراضات التي يعكسها العمل اليومي للمنظمة ، والذي بدوره يبين إلى أي

مدى تكون هذه المنظمة منفتحة تجاه دعم وتعزيز الـتعلم الـتنظيمـي، وكيـف تكـون قادرة على المحافظة عليه.

6- انسياب المعلومات Flow of Information . ويعني كيفية عمل الاتصالات في المنظمة، وهل هناك قناة للاتصالات من أعلى إلى أسفل. أم أنها أفقيـة بـين الإدارات والأقسام؟. وهل يتم تشجيع الأفكار الجديـدة بحريه ؟ وهـل يـتم إعـلام المستخدمين باستمرار عن تطورات المنظمة الجيدة وغير الجيدة؟ فالمنظمـة التـي لـديها محـددات ورتابة وسريه شديدة في نشر ـ المعلومـات سـيكون لـدى أفرادهـا معلومـات محـدودة، وهذا يؤدي إلى الحد من فعالية التعلم التنظيمي. والعكس صحيح.

7- تقييم الأفراد Employees Assessment يمكـن أن يكـون تقيـيم العـاملين بطريقه رسمية أو غير رسمية ، ويتنـاول التقيـيم كيفيـة تفـاعلهم مـع غـيرهم، ومـدى مرونة المديرين ومواقفهم تجاه مرؤوسيهم خـارج وداخـل نطـاق إشرافهـم، وكيفيـة شعور العاملين بمعاملة رؤسائهم ، ودرجة الثقة بحوافز رؤسائهم ، وموقـف العـاملين من عملهم، وهل يعملون برغبة أم نتيجة الأوامر ، وكيفية شعورهم في حال النجاح أو الفشل الخ (يوسف، 2000: 579).

فوائد التعلم التنظيمي:

يجْمل بيرنادز وآخرون(Berends et. al., 2003) الفوائد التي تعود بالنفع على الفرد من جراء التعلم التنظيمي بما يلي:

1. اكتساب الفرد الثقة بنفسه والقدرة على العمل دون الاعتماد على الآخرين.

2. تدعيم احترام الفرد لنفسه واحترام غيره له.

3. اكتساب الفرد لخبرات جديدة تؤهله إلى الارتقاء وتحمل مسؤوليات أكبر.

4. اكتساب الفرد المرونة في حياته العملية.

5. اكتساب الفرد الصفات التي تؤهله لشغل المناصب القيادية، كما أن التدريب يمثل ميدانا كبيرا لممارسة العلاقات الإنسانية.

6. تنمية النواحي السلوكية للفرد، والعمل على إكسابه صلاحية العمل ضمن المجموعة الأكبر.

7. رفع الروح المعنوية للفرد نتيجة تزويده بالخبرات المختلفة التي تفتح أمامه أبواب المستقبل.

في حين نجد أن بيدلر وآخرون(Pedler et. al., 1996) يركزون على الفوائد التي تعود على المنظمة جراء التعلم التنظيمي بما يلي:

1- يؤدي إلى زيادة كفاءة الأداء لدى الأفراد العاملين, مما ينعكس على مستوى الإنتاجية للتنظيم.

2- يعمل على تنمية المعرفة والمعلومات، وزيادة المهارات والقدرات لدى الأفراد العاملين, بما يمكنهم من القيام بواجباتهم الوظيفية بشكل فاعل.

3- يؤدي إلى التعريف بالمنظمة, وحل مشاكل العمل فيها، والاستثمار الأمثل للموارد المتاحة, من خلال تحسين الإنتاجية، وتقليل التكلفة، مع المحافظة على الجودة.

4- يعمل على التطور الذاتي للأفراد وتحقيق مصالحهم, باكتسابهم الدرجات الوظيفية العليا, وحصولهم على الاحترام والتقدير من الآخرين, وشعورهم بالثقة بالنفس.

5- كما أنه يعمل على تزويد المجتمع بالكفاءات والقيادات الإدارية، والعمالة الماهرة القادرة على المنافسة في سوق العمل في الداخل والخارج.

6- ويساعد الأفراد العاملين على مواكبة التطورات لكل ما هو جديد, بهدف إحاطتهم بالتقنيات الحديثة لتأدية عملهم.

مراحل عملية التعلم التنظيمي:

على الرغم من قبول فكرة التعلم التنظيمـي اليوم وأهميتهـا في أداء المـنظمات، فأنه لا توجد نظرية أو نموذج متفق عليه بين الباحثين يمكن الاستناد عليه دون غـيره، فيما يتعلق بوصف المراحل التي تمر بها هذه العملية . ذلك لأن كل نظريـة أو نمـوذج تحـاول أن تشرـح عمليـة الـتعلم التنظيمـي بطريقتهـا الخاصة، وإن اتفقت هـذه النظريات والنماذج فيما بينها في بعض الأطروحات والمسميات المتعلقة بعملية الـتعلم التنظيمي. وقدم كل من روبي وساليس(Robey & Sales , 1994) العمليات الأساسية في التعلم التنظيمي المتمثلة في اكتساب المعرفة، وتسهيل عملية الوصول إلى المعلومات في ذاكرة المنظمة، وفيما يلي شرح لمكونات هذا النموذج :

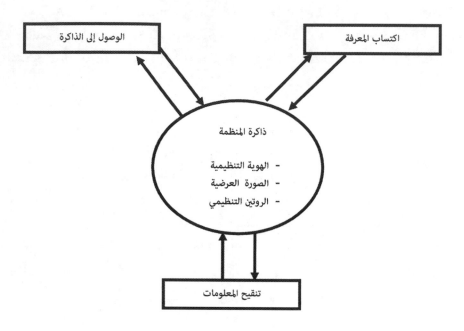

شكل رقم (1)
نموذج عملية التعلم التنظيمي

المصدر :

Danial Robey and Carol . A,. Sales , (1994) : **Designing Organizations**
, Burr Ridge , lllinois : Lrwin .

أولا : الذاكرة التنظيمية :

تعرف الذاكرة التنظيمية على أنها: أطر من المعاني المشتركة بين أعضاء المنظمة، هذا التعريف للذاكرة التنظيمية، التي تمثل المحور الرئيس لنموذج عملية التعلم التنظيمي، الشكل (1) يشير إلى الطبيعة الاجتماعية للتعلم؛ وذلك لأنه يؤكد على ضرورة أن يكون فهم هذه المعاني مشتركا بين أعضاء المنظمة موريسون والفمان (& Morrison Olfman, 2001)

ويرى كروسدل وجنيكس(Croasdell& Jennex, 2005) أن ذاكرة المنظمة ليست بمعزل عن ذاكرة الأفراد، حيث تتضمن تجارب وخبرات الأفراد، إلى جانب ما تشتمل عليه ثقافة المنظمة والمتمثلة في البناء التنظيمي، وكذلك البناء المعماري للمنظمة، والوثائق الرسمية والملفات المتعلقة بالبيانات الخاصة بأنشطة المنظمة، والرموز والقصص والطقوس السائدة في المنظمة، هذه الذاكرة التنظيمية تؤدي بدورها إلى نوع من التلاحم بين أعضاء المنظمة؛ كما أنها تؤدي في الوقت نفسه إلى نقل خبرات وتجارب المنظمة من الأعضاء القدامى في المنظمة إلى العناصر الجديدة فيها، وهذا بدوره يفسر قدرة المنظمة على الاحتفاظ بالفهم المشترك للمعاني المستخلصة من تجاربها السابقة، ونقلها إلى الأعضاء الجدد، وذلك حتى عندما يترك الأعضاء الأساسيون المنظمة.

هذا الفهم المشترك لمعاني الأحداث والتجارب داخل المنظمة يحدث خلال عملية التفاعل الاجتماعي، حيث يتصرف الأفراد ويتصلون ببعضهم بصورة متبادلة مول هولاند(Mulholland, et. al., 2001) الأفراد الجدد يتعلمون المعاني المشتركة من خلال عملية التطبيع الاجتماعي، سواء أكان ذلك من خلال التدريب الرسمي أم التفاعل غير الرسمي بين الأعضاء . لهذا فإننا كأفراد داخل المنظمة نتعلم كيف نفكر وكيف نتصرف مثل بقية الأعضاء

الآخرين، أو بمعنى آخر فإننا نتعلم كيـف نشـترك كأعضـاء في الهويـة التنظيميـة نفسها ، وأن نبقي الصور العرضية، وأن نسـاير الـروتين التنظيمـي نفسـه ، وكلهـا تمثـل مكونات الذاكرة التنظيمية.

أ. الهوية التنظيمية: كإحدى مكونات الذاكرة التنظيميـة فأنهـا تشـير إلى الفهـم المشترك بين أعضاء المنظمة، فيما يتعلق بخصائص المنظمة وحدودها ومهمتها ومجـال نشاطها، والصورة التي يرى بها أعضاء المنظمة الـداخليون، وكـذلك الأفـراد مـن خـارج المنظمة ذاتها فيما إذا كانت ناجحة أو غير ناجحة، قوية أو ضعيفة، حسنة السـمعة أو سيئة . هذه الهوية التنظيمية تمكن المنظمة من تمييز نفسها عن غيرها من المنظمات، كما أنها قد تكون سببا في بقاء المنظمة واستمرارها في أداء مهامها، وبخاصـة إذا كانـت هذه الهوية قوية وإيجابية من وجهة نظر أعضاء المنظمة والمتعاملين معها من الخارج بير وآخرون(Beer, et. al., 2005) .

ب. الصورة العرضية: فأنها تشير إلى الاعتقادات المشتركة بـين أعضاء المنظمـة، فيما يتصل بالعلاقـة بـين تصرفات معينـة اتخـذتها المنظمـة، ومـا ترتب عـلى هـذه التصرفات من نتائج . لهذا فإن الاعتقاد بأن رضى العميل كما في شعار الخطـوط الجويـة العربية السعودية " خدمتنا رضاكم " هـو مفتاح النجـاح في المنظمة يعـد جـزءا مـن الصور العرضية . وبالطبع فإن هذه الاعتقادات وما يترتب عليها مـن نتـائج قد تسري لفترة طويلة في المنظمة، وبخاصة عندما تحقق هذه المنظمة النجاح في أعمالها، لكنها عندما تمر ببعض المشكلات فإن الأعضـاء في المنظمـة يعـاودون مراجعـة مثـل هـذه المعتقـدات ، والتسـاؤل حـول مـدى جدواهـا، ولربمـا ترتـب عـلى ذلك البحـث عـن معتقدات أخرى للخروج بالمنظمة من الأزمـة التي هي فيها (هيجان،1998).

جـ الروتين التنظيمي: الذي يمثل العنصر الثالـث لمكونـات الـذاكرة التنظيمية، يتكون هذا العنصر من المعلومات التي تبين الكيفية التي ينبغي أن يتصرف بها أعضاء المنظمة عندما تسند إليهم مهمة ما، وطريقة تنفيذ هذه المهمة، حيث يمكن استدعاء هذه المعلومات من ذاكرة المنظمة من أجل إنجاز المهمة. هـذه المعلومـات تشبه إلى حد كبير العادات، لأنها تمثل استجابات روتينية لمواقف محددة لا تحتاج إلى كثير من التفكير أو التحليل، لهذا فإن الخبرات الروتينيـة التـي تكمـن في ذاكـرة المنظمـة تـؤدي دورا كبيرا في اختصار الإجراءات، حيث أنها تساعد المنظمة على الاحتفاظ بالمعلومات التي تمكنها من التصرف في المواقف الحالية وفقا لما حدث في المواقف السابقة المشابهة لها، أو تلك القريبة منها، وهذا بـدوره يسـاعد أعضـاء المنظمـة علـى قبـول مثل هـذه التصرفات، والسير وفقها، وذلك لأنها مجربة في ثقافة المنظمة. دانيال (:Danial, 1994 (79) .

وكلما نجحت المنظمة في توسيع دائرة المعاني المشتركة بين أعضاء المنظمة كانت ذاكرتها أكثر بساطة، وأسـهل في الاسـترجاع والفاعليـة في مناقشـة القضايا التـي تواجـه المنظمة.

علـى أن نجـاح وفاعليـة الـذاكرة التنظيميـة في مواجهـة القضايا التي تواجـه المنظمة، لا يلغي حقيقة نشوء بعض المشكلات الجديدة التي قد تواجهها في المستقبل، وذلك عندما تتعرض للتغيير، وبخاصة التغيير الجـذري في مهامها ونشـاطها، إضافة إلى تغيير العاملين فيها، إما بسبب التسرب الوظيفي، أو بسبب نشوء كـوادر جديدة، ممـا قد يقلل إلى حد كبير من فاعلية هذه الذاكرة في معالجة القضايا التي تواجهها: لـورنس وآخرون (Lawrence et. al., 1996).

لهذا فإن المنظمات الناجحة تعمل على الـدوام عـلى صـيانة وتعزيـز المعلومـات والخبرات الموجودة في ذاكرتها، باعتبارها تمثل رصيد المنظمة من التعلم، والـذي يـبرهن على نجاح وقدرة المنظمة في التعامل مع الأحداث اليومية بفاعلية وكفاءة .

ثانيا اكتساب المعرفة .

من أجل تمكين المنظمة من التعلم فأنه لا بد أن تكون لديها القدرة عـلى تمكنهـا من البحث باستمرار عن معلومات جديدة، والاستفادة من الخبرات والتجارب التي تمـر بها، ودمج ذلك كله في ذاكرتها التنظيمية.

وكما يبين الشكل رقم (1) فإن اكتساب معلومات جديدة يسهم في إثراء وتدعيم ذاكرة المنظمة، كما أن رصيدها من المعلومات يؤثر في قدرتهـا عـلى تشرب المعلومـات الجديدة، واستيعابها، والاستفادة منها في المواقف الجديدة .

على أن تشرب المعلومات الجديدة والاستفادة منها في واقع المنظمة يعتمد عـلى عدة عوامل : كاستعداد المنظمة للقيام بالعديد من التجارب والمحاولات، حيث إن مثل هذه التجارب سوف يتيح لها فرصة الـتعلم، وبخاصـة فيمـا يتعلـق بتصحيح الأخطـاء. غير أن الملاحظ أن معظم المنظمات تتخذ جانب الحذر فيما يتعلق بالقيام بمحـاولات جديدة، وذلك خوفا من الوقوع في الأخطاء، وهذا بالطبع يقلل بشكل كبير من فعاليـة المنظمة في إجـراء التجـارب والاسـتفادة مـن نتائجهـا ، إلى جانـب القيام بالعديد مـن التجارب والمحاولات، فإن إمكانية المنظمة في التعلم تتأثر أيضا باختيـار وتعيـين الأفـراد العاملين فيها.

حيث يجب على المنظمة أن تعمل جاهدة مـن خـلال سياسـة التوظيـف لـديها على استقطاب الكفاءات المختلفة، وتدريبها ليؤدي إلى توسيع قاعدة المعلومـات التـي يمكن إضافتها إلى ذاكرة المنظمة بوجدانوايز وبايلي (Bogdanowicz.& Bailey, 2001: 55)

هذا الإجراء في عملية التعلم ربما يكون أقل خطورة بالنسبة للمنظمـة مقارنـة بأسلوب إجراء التجارب والمحاولات، لكنه لا يزال مكلفا أيضا، حيث يحتاج إلى شيء من العناية والدقة ، ذلك أنـه لـيس مـن السـهولة استقطاب الكفـاءات المطلوبـة في كـل الأوقات والظروف.

كذلك فإن هناك نقطة يجب الانتباه إليها عند تعيـين أعضاء جـدد في المنظمـة، وهي أن هؤلاء الأعضاء الجدد ربما يتحدون الثقافة السائدة في المنظمة، وبالتالي يخلون بميزان القوى الموجود فيها، والذي غالبا ما يكون محصورا في القيادات العليا، وبخاصـة في المنظمات التقليدية لويومانز (Loermans, 2002: 287) .

وعلى أية حال، فإن الالتزام التنظيمي يتطلب اكتساب المعلومـات، واسـتقطاب أفراد ذوي خلفيات متنوعة، وتدعيمهم وتشجيعهم على التعبير عـن وجهـات نظـرهم، حتى لو كانت تخالف القيم والقواعد السارية في المنظمة في الوقت الراهن .

وأخيرا ولكي تقوي المنظمة مـن إمكاناتهـا في اكتسـاب المعلومـات والـتعلم، فـإن عليها الاهتمام بتسهيل نظم الاتصال ، سواء أكان ذلـك داخـل المنظمـة ذاتهـا أم بينهـا وبين البيئة التي تعمل فيها ، ذلك إن وجود مثل هذا الاتصال سوف يسهل مـن تبـادل المعلومات وإثرائها، كما أنه سيمكن المنظمة من التغلب على معظم العوائق التـي قـد تحول دون وصول المنظمة إلى

المعلومات المناسبة، ورصدها في ذاكرتها، مما يعزز من إمكانيتها في التعلم والتعامل مع الأحداث اليومية الحالية والمستقبلية ماك كوين وبيكر (McQueen& Baker,1996) .

وهكذا نلحظ أن عامل اكتساب المعلومات يعد عنصرا هاما في عملية التعلم التنظيمية ، حيث يؤثر ويتأثر بذاكرة المنظمة، مما يحتم على المنظمة الاهتمام بالعوامل التي تسهل في عملية اكتساب هذه المعلومات وتعزيزها .

ثالثا : تسهيل عملية الوصول إلى المعلومات في ذاكرة المنظمة .

بغض النظر عن الكيفية التي يمكن أن تكتسب بها المنظمة معلوماتها، فأنه من المهم جدا تصنيف وتنسيق هذه المعلومات، بحيث يكون من السهل على أعضاء المنظمة الوصول إلى هذه المعلومات عند الحاجة إليها.

إذا لم يكن هناك تصنيف وتنسيق للمعلومات التي تستقبلها المنظمة يوميا فأنها سوف تضيع هباء منثورا، ولن تبقى في ذاكرة المنظمة. ولإدراك أهمية هذه المعلومات بالنسبة للمنظمة، فإن على الفرد أن يتصور كيف يمكن أن تكون عليه حياته بدون الاستفادة من المعلومات الموجودة في ذاكرته.

ولهذا فإن المعلومات المتوافرة في ذاكرة المنظمة تؤدي إلى خدمة المنظمة لأعضائها من خلال الحفاظ على هويتها، وتقليل درجة المخاطر المترتبة على التصرف في المواقف المألوفة والجديدة. هاس بروك (Hasebrook, 2005: 69) .

والمهم ليس حفظ هذه المعلومات فقط ولكن المهم في كيفية الوصول إليها. إن الوصول إلى المعلومات المتواجدة في ذاكرة المنظمة من الممكن إتاحتها لأعضاء المنظمة، من خلال القواعد المكتوبة، ونظم الاتصالات الرسمية وغير الرسمية؛ والتدريب الرسمي وغير الرسمي، حيث تزود هذه القنوات

الأعضاء بالتوجيهات الضرورية، والدروس المستفادة من خبرات المنظمة السابقة. لهذا يجب إتاحة الفرصة لأعضاء المنظمة للوصول إلى هذه المعلومات، ونشرها بينهم، وتجسيدها في الممارسات بشكل منتظم .

وينبغي الإشارة هنا إلى عدم وجود صيغة محددة يمكن على أساسها تخزين هذه المعلومات، واسترجاعها بالنسبة لجميع المنظمات، وذلك اعتمادا على الخصائص التنظيمية والثقافية التي تتسم بها كل منظمة، لكن يمكن القول:- إن ما تمتلكه المنظمة من معلومات غالبا ما يكون مدونا أو محفوظا في وثائق رسمية، سواء أكانت هذه الوثائق سجلات أم ملفات أم حاسبات آلية.

بل من الممكن أن تتواجد هذه المعلومات في الإطار الجغرافي والتنظيمي للمنظمة، والعلاقات القائمة بين أعضائها، ومعايير الأداء الموجودة فيها بشكل عام ثقافة المنظمة التي تعد جزءا مهما من ذاكرتها. لهذا فإن الوصول إلى هذه المعلومات ينبغي أن يستمد من خصائص المنظمة ذاتها، بحيث تستطيع أن تكيف القواعد المكتوبة، وغير المكتوبة، ونظم الاتصالات الموجودة فيها، والتدريب، مما يسهل الوصول إلى هذه المعلومات بصورة سريعة وفعالة. بار وساراسينو(,Barr & Saraceno 2004:54)

رابعا : تنقيح المعلومات الموجودة في ذاكرة المنظمة .

تتأثر كل من عملية اكتساب المعلومات والوصول إليها في ذاكرة المنظمة بمحتوى وطبيعة المعلومات الموجودة في هذه الذاكرة، ودرجة التنقيح والتعديل الذي تخضع له هذه المعلومات. إن ما هو موجود من معلومات في هذه الذاكرة ربما يقف حائلا دون الوصول إلى المزيد من المعلومات، وإضافتها إلى هذه الذاكرة إذا لم يتم تنقيحها على الدوام. لهذا السبب فإن مراجعة

المعلومات الموجودة في ذاكرة المنظمة تعد جزءا أساسيا من عملية التعلم التنظيمي.

وإن مراجعة المعلومات الموجودة في الذاكرة وتنقيحها لا تعني في الواقع نسيان أو استبعاد المعلومات التي تم اكتسابها سلفا، إذ من المشكوك فيه تماما أن يتم نسيان المعلومات التي تم اختزالها في ذاكرة المنظمة، وإنما تعني تحديث هذه المعلومات ومقارنتها بالمعلومات السابقة، وذلك من خلال الاحتفاظ بالمعلومات القديمة والجديدة في آن واحد، فإن ذلك قد يؤدي إلى ظهور معان جديدة للأحداث، ولربما مغايرة للمعاني السابقة في بعض جوانبها، وبالتالي فأنه من الممكن أن تصبح المنظمة أكثر وعيا بعملية التعلم.

مثل هذه المراجعة لذاكرة المنظمة قد تقود إلى ما يطلق عليه دورة التعلم ذات الاتجاه المزدوج؛ وهي العملية التي يتم فيها اكتشاف الأخطاء وتصحيحها، ومن ثم تبني بعض السلوكيات وأساليب جديدة في العمل، مقارنة بدورة التعلم ذات الاتجاه الأحادي، والتي تحاول فيها المنظمة الحفاظ على وضعها الراهن، من خلال تكرار بعض السلوكيات السابقة، وإخفاء أخطائها، وبذلك يكون النوع الأول من التعلم (دورة التعليم المزدوجة) أجدى بالنسبة لعملية التعلم التنظيمي.

وينبغي أن ننبه بأن عملية تنقيح المعلومات ليست عملية عشوائية، وإنما هي عملية منطقية منظمة، يتم فيها الربط بين الأسباب والنتائج، وبخاصة ما يتعلق بالعمليات الجديدة في المنظمة، والتي يمكن أن توظف في أدائها المعلومات القديمة والمنقحة، إضافة إلى ذلك، فإن هذه المراجعة ينبغي أن تكون مجدْولة ومنظمة، بحيث لا تمثل مجرد ردة فعْل للأحداث والوقائع التي تمر بها المنظمة، وخاصة تلك الأحداث غير المرغوبة. وبصفة عامة فإن عملية

تنقيح المعلومات ينبغي أن تعمل على الدوام على تطوير المعلومات الموجودة في ذاكرة المنظمة، والاستفادة منها بما يخدم أهدافها الحالية والمستقبلية. وليام ايليوبولس(Williamson&Iliopoulos, 2001) .

أبعاد عملية التعلم التنظيمي Building of Organizational Learning :

تصمم المنظمات الناجحة قدراتها التعليمية، ولا تعتمد على الصدف، وما قد تواجهه من تجارب ومواقف جديدة، سواء في بيئتها الداخلية أو الخارجية, ومن خلال بناء هذه القدرات تتحول إلى منظمات قابلة للتعلم. وتشير العديد من أدبيات الإدارة إلى وجود مجموعة من النماذج المتعلقة ببناء عملية التعلم التنظيمي وممارستها في المنشآت، والعوامل التي تسهم في هذه الممارسة. وقد تم الاستناد إلى دراسات كل من دينتون(Denton, 1998) وجوه(Goh , 1998) ماركوادت ورينولدوز (Marquardt & Reynolds , 1994 :91) لوضع نموذج عام للأبعاد الخاصة بممارسة التعلم التنظيمي. هذا النموذج يقوم على وجود ثلاثة أبعاد أساسية،* هي:- إيجاد استراتيجية للتعلم التنظيمي المخطط (البعد الاستراتيجي)، والهيكل التنظيمي المرن الذي يدعم عملية التعلم في المنظمة (البعد التنظيمي) و ثقافة المنظمة التي تساند التعلم (البعد الثقافي).

---

* التعريفات الإجرائية ص (68) .

منظمات التعلم: learning Organizational

ومع نهاية التسعينيات أصبح مفهوما التعلم التنظيمي Organizational learning) ومنظمات التعلم(learning Organizational) من المفاهيم الأساسية التي اهتم بها الباحثون، إذ ساد الاعتقاد بأن قدرة أية منظمة على التعلم بصورة أفضل من منافسيها يعد شرطا أساسيا لنجاحها .

ولعل المنظمة القادرة على التعلم هي تلك المنظمات التي تستطيع إحداث التغيير بسرعة ملائمة للتكيف مع البيئة الخارجية، وتوجية وإدارة عملياتها الداخلية بصورة مناسبة . كما يرى الباحثون والقياديون أن أساس التعلم في المنظمات ينبع من التحديات التي تواجهها، والاستفادة من الأخطاء التي تقع فيها، ومن أخطاء الآخرين. سوغارمان(Sugarman, 2001)

لقد عمد العديد من الباحثين إلى تعريف مصطلحي التعلم التنظيمي ومنظمات التعلم وتحديد مكوناتهما وأبعادهما، بالاعتماد على مجال تخصص كل منهم، ورؤيتة لهذا المفهوم، مما أدى إلى اختلاف تلك الرؤى حول مفهوم هذين المصطلحين، وعدم الوضوح والدقة في الكثير من أدبيات الإدارة المتعلقة بهما. روث وكلينر(Roth, & Kleiner, 1995).

يمكن تعريف منظمات التعلم بأنها تلك المنظمات التي تساند تعلم جميع العاملين فيها، وتقوم بتعديل ذاتها باستمرار. هاوكنز(Hawkins, 1991) كما عرفها جارفن (Garvin, 1993) بأنها تلك المنظمات التي تتمتع بمهارة إيجاد المعرفة، أو الحصول عليها وتبادلها مع جميع العاملين فيها، وبمهارة تعديل تصرفاتها ورؤيتها المستقبلية لتعكس تلك المعرفة . كذلك عرفها. سنج(Senge 1990) بأنها منظمات يعمل فيها الأفراد باستمرار على زيادة

قدراتهم في تحقيق النتائج التي يرغبون بها، والتي يتم فيها مساندة وتشجيع وجود نماذج جديدة وشاملة للتفكير.

وتميل أدبيات الإدارة ذات الطابع العملي التطبيقي إلى التعبير غالبا عن وجهة نظر الممارسين والإستشاريين لمفهوم منظمات التعلم، أما الأدبيات ذات الطابع النظري والأكاديمي، فتعكس وجهة نظر الأكاديميين لمفهوم منظمات التعلم. ارجرس وساجون(Argyris & Schon, 1996 : 180) ويستخدم كل نوع من الأدبيات مصطلحات مختلفة في اللغة، لكنهما يلتقيان حول النقاط الأساسية في التعلم، وهي:- التأكيد على أهمية وحيوية التعلم، وأن الأفراد وما يملكون من مهارات وخبرات هم العامل الأساس في تفوق المنظمة، وذلك لأن التعلم يحدث في عقل الفرد المفكر؛ فإن المنظمات لا تتعلم من تلقاء ذاتها، وإنما تتعلم من خلال ما يتعلمه أعضاؤها عن طريق التجربة والتدريب, أو من خلال استقطاب وتعيين الكفاءات والخبرات الجديدة. هربرت سيمون(Simon, 1991) ، وهذا يعني أن التعلم التنظيمي يحدث من خلال التفاعل والتفهم المشترك للخبرات والتصرفات، والمواقف المختلفة التى يمر بها أعضاء المنظمة، والتى تؤدي إلى تغيير ملموس في عملها ونشاطها وثقافتها التنظيمية. دفورا (Dvora, 2000)

بناء المنظمات القابلة للتعلم :

عندما نتحدث عن التعلم التنظيمي، فإنما نتحدث في واقع الأمر عن الآلية التي يمكن من خلالها تسهيل عملية التعلم في المنظمات، أو بمعنى آخر بناء المنظمات القابلة للتعلم، على أن الوقوف على العملية التي يتم بها التعلم

في المنظمات ليس شرطا كافيا لضمان حدوث التعلم، إذ لا بد من ترجمة هذه العملية إلى خطة أو استراتيجية يمكن أن تتعلم من خلالها المنظمة فعلا .

هذه النقطة تقتضي منا أن ننوه منذ البداية بأن بناء المنظمات القابلة للتعلم، أو تحويل المنظمة من منظمة غير متعلمة إلى منظمة متعلمة، هو نوع من التحدي الذي يتطلب استيعابا شاملا لجميع أبعاد وأنشطة المنظمة المتعلقة بسياستها، ونشاطها وبنائها، وطبيعة الأفراد العاملين فيها، والتقنية والمعلومات المتوافرة فيها، ثم درجة الالتزام الموجودة لدى القيادات الإدارية فيها نحو تأصيل وتوطيد استراتجييه عملية التعلم التنظيمي في المنظمة، كذلك ينبغي أن نشير إلى أنه مع إدراكنا لأهمية تفعيل بناء المنظمات القابلة للتعلم، فأنه لا توجد صيغة أو طريقة معينة يمكن أن تتبناها المنظمة في كل الظروف لكي تصبح منظمة قابلة للتعلم، لأنه يجب على كل منظمة أن تطور الأسلوب الملائم لها في التعلم، بما يتفق وتاريخها ونشاطها؛ وخصائص الأفراد الموجودين فيها، والمهارات والمعلومات المتوافرة لديها، وبشكل عام الثقافة السائدة فيها. جارفان(Garavan, 1997).

وذكر . سنج (Senge,1990) أن هناك خمس قواعد أساسية ينبغي أن تتوافر في ثقافة أية منظمة، إذا ما أرادت تحقيق أقصى درجة من عملية التعلم، وهذه القواعد هي:

أولا : البراعة الشخصية: وتتطلب من الأفراد العاملين في المنظمة توضيح قيمهم وأهدافهم كأفراد، والعمل بجد نحو تحقيق أعلى الطموحات بالنسبة لهم ولمنظماتهم التي يعملون فيها، وذلك من منطلق هذه القيم والأهداف .

ثانيا : طرائق التفكير: هذه القاعدة تحتم علينا تحديد ومراجعة أساليبنا في التفكير، والمتعلقة في افتراضاتنا الشخصية عن الكيفية التي تجري بها

الأمور من حولنا، والتي على أساسها نتخذ قراراتنا في أعمالنا اليومية؛ للخروج من ذلك بأساليب جديدة في التفكير تتناسب والظروف الراهنة للمنظمة .

ثالثا : الرؤية المشتركة: وهي القاعدة التي من خلالها يتم توضيح الأهداف المستقبلية للأفراد العاملين في المنظمة، بحيث تمثل هذه الأهداف خطة عمل مشتركة يمكن على أساسها نقل المنظمة من الوضع الراهن إلى الوضع المأمول في المستقبل .

رابعا : التعلم الجماعي: نظرا لأن فرق العمل تمثل اليوم الوحدات الأساسية للإنتاج في المنظمات الحديثة، فلا بد من وضع خطة للتعلم الجماعي تكون قائمة على الحوار، وذلك من أجل الحد من الأخطاء والخسائر المترتبة على العمل الفردي في العمليات التنظيمية اليومية .

خامسا : أنظمة التفكير: حيث تشير هذه القاعدة إلى النماذج والأطر العريضة التي ينتمي إليها سلوكنا، هذه الأطر تساعدنا في فهم واستيعاب المشكلات التي من حولنا، وإيجاد الحلول الملائمة لها، وذلك من خلال النظر إلى النظام الذي نعمل به بصورة شاملة بدلا من التركيز على جزء منعزل من هذا النظام .

أما روبي وسيلس(Robey and Sales, 1994) فيتبنيان منحى آخر في بناء المنظمات القابلة للتعلم ، حيث يشيران إلى أن تفعيل عملية التعلم في المنظمات هي موضع خلاف بين الباحثين ، وأن هذا الخلاف يتركز حول مدى جدوى أسلوبين من أساليب التعلم في المنظمات، وهذان الأسلوبان هما : التعلم التدريجي الذي يركز على حدوث تغييرات بسيطة ودائمة في ذاكرة المنظمة ، والتعلم الكمي الذي يعمل على إحداث تغييرات كبيرة وجوهرية

في هذه الذاكرة . من ناحية أخرى فقد تحدث لـوارنج (Lorange, 1996) عـما سماه نموذج مراحل التخطيط الأربع للتعلم التنظيمـي، (The Four Step Planning Model for Organizational Learning) كنمـوذج لتفعيـل الـتعلم في المـنظمات ، وهذه المراحل التي يتكون منها النموذج هي :

(1)	تحديد عوامل النجاح المهمة لعملية التعلم في المنظمة .

(2)	تحديد جدول أعمال الأنشطة التعليمية .

(3)	تكوين شبكات التعلم .

(4)	قياس نتائج جهود التعلم التنظيمي .

أما ماركواردت (Marquardt, 1996) فقد بين الخطوات التـي ينبغـي اتباعهـا في بناء المنظمات القابلة للتعلم وهي:

(1)	الالتزام من قبل الإدارة العليا لكي تصبح المنظمة قابلة للتعلم .

(2)	ربط التعلم بعمليات ونشاط المنظمة .

(3)	تقويم إمكانات المنظمة فيما يتعلق بعملية التعلم .

(4)	نقل رؤية القيادة التنظيمية إلى الأفراد في المستويات الإدارية المتوسطة والتنفيذية فيما يتصل بعملية التعلم التنظيمي .

(5)	تمكين الموظفين .

(6)	توظيف التقنية .

(7)	تشجيع التعلم على مستوى الفرد والجماعة والمنظمة .

(8)	الاستمرار في عملية التكيف والتحسين والتعلم .

يتضح أنه لا يوجد مدخل أو استراتيجية محددة يمكن أن تتبعها جميـع المـنظمات أو يمكن أن تتبعها منظمة ما في كل الظروف والأحوال من أجل

تفعيل عملية التعلم فيها، وإنما هناك عدد من الإستراتيجيات والخطوات التي يمكن أن تتبعها المنظمات لتحقيق هذا الغرض، وأن الاختيار من بين هذه الاستراتيجيات إنما يعتمد على قرار قيادة المنظمة ذاتها، وفقا لرؤية هذه القيادة المتعلقة بوعي ومستقبل المنظمة والثقافة السائدة فيها والإمكانيات المتوافرة لديها، سواء أكانت هذه الإمكانيات مادية أم بشرية، ثم طبيعة البيئة التي تعمل فيها هذه المنظمة.

2. 2 الأداء الوظيفي (Job Performance):

لقد اهتم العديد من الباحثين بموضوع الأداء، لما له من أهمية بالنسبة للأفراد والمنظمات بشكل عام، ويقصد بأداء الفرد للعمل:- هو قيام الفرد بالأنشطة والمهام المختلفة التي يتكون منها عمله، ويحكم على هذا الأداء بوساطة معايير محددة تستخدم لقياس الأداء، وتكون نتيجة التقييم إيجابية إذا كانت نتائج العمل المؤدى متوافقة مع معايير الأداء المحددة، وتكون نتيجة التقييم سلبية إذا كانت مخرجات العمل المؤدى خارج حدود هذه المعايير، ومن المعايير التي يمكن أن يقاس أداء الفرد عليها كما يذكر (عاشور، 1990) كمية ونوعية الجهد المبذول، ونمط الأداء.

مفهوم الأداء:

يشير المعنى اللغوي للفعل "أدى" إلى معنى مشى مشيا ليس بالسريع ولا بالبطيء، وأدى الشيء قام به، وأدى الشهادة أدلى بها، وأدى إليه الشيء أوصله إليه (مصطفى وآخرون، 1960: 10). وهكذا يتضح بأن المعنى الدقيق في اللغة العربية لكلمة أداء هو قضاء الشيء أو القيام به.

أما المعنى الاصطلاحي للأداء، فتعددت تعريفاته من قبل المفكرين والكتاب في مجال الإدارة، ومن أبرزها:- تعريف معجم مصطلحات العلوم الإدارية الذي عرف الأداء بأنه "القيام بأعباء الوظيفة من مسؤوليات وواجبات وفقا للمعدل المفروض أداؤه من العامل الكفء المدرب" (بدوي، 1994).

ومن المفاهيم المرتبطة بالأداء مفهوم الإنتاجية الذي يشير إلى ما يتضمن كلا من الفاعلية والكفاءة، وتشير الفاعلية إلى تحقيق الأهداف المحددة من قبل المنظمة، بغض النظر عن التكاليف المترتبة على هذه الأهداف، أما الكفاءة فتشير إلى نسبة المدخلات المستهلكة إلى المخرجات، حيث كلما كانت المخرجات أكثر من المدخلات فإن الكفاءة تكون أعلى. والإنتاجية تقاس بمعياريْ الكفاءة والفاعلية. فالعامل الجيد تكون إنتاجيته عالية، ويساهم أداؤه في تقليل المشاكل المرتبطة بالعمل (عباس وعلي 1999).

والأداء هو"تحقيق بعض الشروط أو الظروف التي تعكس نتيجة ما، أو مجموعة نتائج معينة لسلوك شخص معين، أو مجموعة أشخاص" (الدحلة،2001 :96) .

وأشار(درة، 2003) إلى أنه " تفاعل بين السلوك والإنجاز، أو أنه السلوك والنتائج التي تحققت معا، مع الميل إلى إبراز الإنجاز أو النتائج، وذلك لصعوبة الفصل بين السلوك من ناحية، وبين الإنجاز والنتائج من ناحية أخرى".

ويعرف(العديلي، 1995 :499) الأداء بأنه "الحصول على حقائق أو بيانات محددة، من شأنها أن تساعد على تحليل وفهم وتقييم أداء العامل لعمله ومسلكه فيه في فترة زمنية محددة، وتقدير مدى كفاءته الفنية والعملية والعلمية، للنهوض بأعباء المسؤوليات والواجبات المتعلقة بعمله في الحاضر والمستقبل" .

كـما عـرف(الحوامـدة، والفهـداوي، 2002) الأداء بأنه"مجموعـة مـن السـلوكيات الإدارية ذات العلاقـة، والمعـبرة عـن قيام الموظـف بـأداء مهامـه وتحمل مسـؤولياته، وتتضمن جودة الأداء، وحسن التنفيذ، والخبرة الفنية المطلوبـة في الوظيفـة، فضـلا عـن الاتصال والتفاعل مع بقية أعضاء المنظمة، والالتزام بالنواحي الإدارية للعمل، والسعي نحو الاستجابة لها بكل حرص وفاعلية".

(ويعرف المؤلف الأداء بأنه "تلك العمليـة التـي تعْنى بقياس كفـاءة العـاملين وصلاحيتهم وإنجازاتهم وسلوكهم في عملهم الحالي، للتعرف على مدى مقـدرتهم علـى تحمل مسؤولياتهم الحالية واستعدادهم لتقلد مناصب أعلى مستقبلا) .

أهمية الأداء:

يمكن القول إن حياة المنظمة أيا كانت طبيعة النشاط الذي تمارسه، تتوقف على أداء العـاملين فيهـا، فـإذا مـا قامـوا بـأعمالهم وأنجـزوا مهـامهم علـى الوجـه المطلـوب والمخطط له من قبل الإدارة، فإن هذا سيقود المنظمة نحو تحقيق أهدافها المنشـودة، كالبقاء، والنمو، والتوسع، وإذا مـا كـان الأداء دون المسـتوى المطلـوب، فأنـه سيشـكل عائقـا كبـيرا أمـام المنظمـة في تحقيـق أهـدافها، بـل قـد يـؤدي أحيانـا إلى تصفية المنظمة.(السالم وصالح، 2002: 102).

وبسبب جوهرية الأهداف التي يمكن أن تحققها العملية، فأنها تعطى اهتمامـا خاصا من قبل إدارة المـوارد البشـرية في المـنظمات المعـاصرة؛ للوصـول مـن خلالهـا إلى المزايا الهامة المتمثلة برفع الروح المعنوية للعاملين، وإشـعارهم بالعدالـة، ودفعهـم إلى تحمل المسؤولية، وتوفير الأسـاس الموضوعي لأنشطة إدارة الموارد البشـرية:- كـالتوظيف والتدريب والمتابعة.

وتتبلور أهمية الأداء فيما يلي: (الهيتي، 2000: 59)

1. يعد الأداء مقياسا لقدرة الفرد على أداء عمله في الحاضر، وكذلك على أداء أعمال أخرى مختلفة نسبيا في المستقبل، وبالتالي يساعد في اتخاذ قرارات النقل والترقية.

2. غالبا ما يتم ربط الحوافز بأداء الفرد، وهذا يؤدي إلى اهتمام الفرد بأدائه لعمله ومحاولة تحسينه.

3. يرتبط الأداء بالحاجة إلى الاستقرار في العمل، فإذا حدثت أية تعديلات في أنظمة الإدارة فإن العاملين ذوي الأداء المتدني يكونون مهددين بالاستغناء عن خدماتهم.

محددات الأداء:

جذب هذا الموضوع انتباه الكثير من الباحثين والممارسين في محاولات متعددة لمعرفة ماهية العوامل التي تحدد مستوى الأداء الفردي، ولتفسير التذبذب فيه صعودا وهبوطا، ومحددات الأداء هي:

أ. الدافعية الفردية:

يجب أن يتوافر لكل فرد الدافع على العمل، وقد يكون هذا الدافع قويا أو ضعيفا.

ب. مناخ أو بيئة العمل:

يجب أن يتم تهيئة مناخ العمل، سواء على مستوى التنظيم كله، أو الإدارة، أو القسم، أو على جميع المستويات، بحيث يؤدي إلى إشباع حاجات الفرد، والتي هي انعكاس لدافعه على العمل.

ج. القدرة على أداء العمل المعين:

يجب أن تتوافر لدى الفرد القدرة على أداء العمل المحدد له. (حنفي، د ت).

أما (الخزامى، 1999، 59) فيذكر أن هناك أربعة عوامل ينتج عن تفاعلها المعنى الذي يستشعره الفرد من الموقف فيما يتعلق بالأداء المطلوب، والعوامل الأربعة هي:

1. ما يعرفه الفرد عما يجب عمله في الموقف.
2. الوسائل المتوافرة للعمل في الموقف.
3. القدرات التي لدى الفرد للعمل في الموقف.
4. ما يمكن أن يشبعه الفرد من حاجات نتيجة العمل في الموقف".

إدارة الأداء:

عرف (باكال، 1999، 26) إدارة الأداء : " بأنها عملية تواصل مستمرة تتم بالاشتراك بين الموظف ومشرفه المباشر، وتهدف إلى التوصل لتوقعات وفهم واضحين للأعمال التي يجب إنجازها".

وإذا ما نفذت إدارة الأداء بشكل جيد فإن الفائدة ستعود على المديرين والموظفين والمؤسسة، فبالنسبة للمديرين تقلل من حاجتهم للتدخل في كل شئ، وتوفر الوقت، من خلال مساعدة الموظفين على اتخاذ القرار بأنفسهم، وبالنسبة للموظفين فهي تساعدهم على فهم ما يجب أن يقوموا به، ولماذا بمعنى آخر تعطيهم فرصة لاتخاذ القرار بأنفسهم، أما الفائدة التي ستعود على المؤسسة فهي متمثلة بارتفاع الروح المعنوية للعاملين عندما يدركون أن أداءهم يسهم في إنجاح المؤسسة.

تقييم الأداء

مفهوم تقييم الأداء:

لا شك أن المصلحة العامة تقتضي ـ بأن يعهد بالوظائف إلى الأكفياء من العاملين القادرين على النهوض بأعباء هذه الوظائف، والارتفاع إلى مستوى مسؤولياتها. وإهدار ذلك المبدأ يعني إهدار الإمكانيات البشرية المتاحة وسوء استغلالها، ومن ثم كان من الطبيعي وجود معايير ومستويات محددة لتقييم أداء العاملين، والتأكد من صلاحيتهم، وكفاءتهم بصفة دائمة لمباشرة مهام وأعباء وظائفهم، فضلا عن صلاحيتهم للتقدم في السلك الوظيفي.

وهناك عدة تعريفات لتقييم الأداء، فقد عرف بأنه: "العملية التي يمكن لأية منظمة من خلالها الحصول على المعلومات الراجعة عن فعالية العاملين فيها" (Szilagyi & Wallace, 1990, 519). أما (الشاويش، 1990، 87) فذهب إلى أن المقصود بتقييم الأفراد هو: "ترتيبهم تنازليا أو تصاعديا حسب قدراتهم وخبراتهم، وعاداتهم الشخصية"، وعرف بأنه "نظام إداري رسمي يستخدم لمعرفة جودة الأداء الفردي في أية منظمة". جروتي (Grote, 2002, 1).

كما عرف تقييم الأداء كذلك بأنه "عملية تشمل جانبين:ـ أولهما يتعلق بقياس مدى أداء الموظف لواجبات ومهام الوظيفة المسندة إليه وفقا لمعيار محدد، وثانيهما يتعلق بتقدير مدى استعداده للتقدم والترقية، وتحمل أعباء وظيفة ذات مستوى أعلى من مستوى وظيفته الحالية(عبد الله، 2002 : 51).

كما عرف على أنه : "تلك العملية التي تعنى بقياس كفاءة العاملين وصلاحيتهم وإنجازاتهم وسلوكهم في عملهم الحالي؛ للتعرف على مدى مقدرتهم على تحمل مسؤولياتهم الحالية، واستعدادهم لتقلد مناصب أعلى مستقبلا".(نصرـ الله، 2001 : 169).

ويعرفه.(عبد المحسـن، 2002: 5) : "قيـاس الأداء الفعـلي (مـا أدي مـن عمـل) ومقارنة النتائج المتحققة بالنتائج المطلوب تحقيقها، أو الممكن الوصول إليها، حتى تتكون صورة حية لما حدث فعلا، ومدى النجاح في تحقيق الأهداف وتنفيذ الخطط الموضوعة، بما يكفل اتخاذ الإجراءات الملائمة لتحسين الأداء".

ويحدث الأداء نتيجة تفاعل ثلاث مجموعـات مـن النـظم المستقلة، والمرتبطـة بنـوع الأداء المطلوب تقييمه، وهذه النظم هي:- (الخزامى، 1999):

1. **النظم المتعلقة بالواجب الوظيفي:** تستخدم هـذه النظم إجراءات ربط إمكانيـات وأهليـة أعضاء المنظمـة الـذين يشـغلون وظائفهـا المختلفـة مـع التكنولوجيا المتاحة بها؛ لتحويـل المـدخلات المتعلقة بكـل مهمـة أداء إلى مخرجات ذات قيمة.

2. **نظم بيئة الأداء الاجتماعية / السياسية:** تهتم هذه النظم بإشباع احتياجات الأعضاء الاجتماعيـة والسياسية، وتوظيـف عمليات التفاعـل الاجتماعـي بـين الأفراد لخلق وتوزيع المكانة والقوة والتأثير طبقا لرؤية الإدارة العليا بهـذه المنظمة.

3. **النظم المتعلقة بالفرد القائم بالأداء:** يشمل هذا البعد عوامل القدرة والرغبـة لدى الفرد في الموقف الأدائي، والتي تحمل لـه في لحظة معينة معـاني خـاصة، فيحدث الأداء بطريقة خاصة أيضا، وهذا مـا يفسر ـ اختلاف الأداء في الموقـف الواحد إذا اختلف القائمون بالأداء.

أهمية وفوائد تقييم الأداء:

مما لا شك فيه أن لعملية التقييم أهمية كبيرة للمؤسسة التي تبحث عن النجاح، من خلال التحسين والتطوير المستمر في أداء العاملين فيها، وخاصة

إذا تمت هذه العملية وفق أسس موضوعية بعيدة عن التحيـز. ويؤكد (ديـل وإيلـز، 2002) أن التقييمات التي تحدث أثناء فترة العمل تقدم معلومات عـن مسـتوى الأداء، وتتيح التنبؤ باحتمالات المستقبل واحتياجات التطوير، كـما تمـد الفـرد بمعلومـات عـن أدائه الفعلي الجيد أو غير الجيد، وعن رؤية المنظمة للفرد التي قد تختلف عما يراه أو يعتقده الفرد بشأن أدائه.

وتبدي كل المنظمات تقريبا أهمية قصوى لعملية تقييم أداء العاملين. فمـن خلالهـا يمكن للمنظمة:

1. أن تتأكد من أن جميع الموظفين قد تمت معاملتهم بعدالة.
2. يسهم تقييـم الأداء في تـوفير الأسـاس الموضوعي والعـادل لكثير مـن أنشطة الموارد البشرية، كالترقية، والنقل، والتحفيز، وغيرها.
3. يعد تقييم الأداء أساسيا" جوهريا لعمليات التطوير الإداري، فمعرفة مسـتوى أداء موظف تمهد له الطريق وبالاتفـاق مـع رئيسـه حـول الخطـوات القادمـة فيما يتعلق بتطوير أدائه وتحسين إنتاجيته. (السالم وصالح، 2002: 84).

إن الهدف الأساس من عملية تقييم الأداء هو استخلاص معلومـات واقعيـة وصـادقة عن سلوك وأداء الأفراد في المنظمة، ولذلك فإن المعلومـات الناجمـة عـن هـذه العمليـة يمكن أن يخدم الأغراض التالية:

أ- قرارات الترقية، الفصل، والنقل.
ب- معلومات التقييم المرتدة ذات الصلة بالموظف، توضح فكرة أو نظرة المنظمـة إليه.
ج- يبين المساهمة النسبية التي يقـوم بهـا الأفراد والأقسـام في تحقيـق المسـتوى الأعلى من الأهداف التنظيمية.

د-   قرارات المكافأة، وتشمل زيادات الجدارة، الترقيات، والمكافآت الأخرى.

هـ- مقياس لتقييم فعالية قرارات الاختيار والتعيين.

و- تشخيص الحاجة للتدريب، وتطوير الأفراد والأقسام في المنظمة.

ز- معيار لتقييم النجاح لقرارات التدريب والتطوير.

(Szilagyi & Wallace, 1990:29).

يعد تقييم الأداء من السياسات الإدارية الهامة في المنظمات، سواء الحكومية منها أو الخاصة في مختلف دول العالم، حيث إن كل منظمة لها نظام رقابي لتقييم أداء الأفراد وفقا لمعايير المنظمة، وقد يكون هذا النظام غير معترف به، وغير رسمي، وغير موثق، لكن الحاجة إلى تقييم الأداء هي حاضرة في جميع بيئات الأعمال، وتبرز أهمية تقييم الأداء من خلال الحقائق الآتية :

1- أنه يساعد المنظمات على الاستمرار والنمو وتحقيق أهدافها، حيث إن تقييم الأداء يعتبر مفتاح الإدارة في حد ذاتها، وهو الذي يمكن المنظمة من تحقيق النمو والازدهار.

2- إن التقدم الوظيفي للموظفين يتأثر بنتائج التقييم، وعليه فإن الطريقة التي يتم بها التقييم يمكن أن تؤثر بشكل كبير في الروح المعنوية و الدافعية لدى هؤلاء الموظفين نحو العمل.

3- يساعد تقييم الأداء على تمكين الموظفين(Empowering   Employees)، والذي يعتبر من الاتجاهات الحديثة في مجال الإدارة، ويتم ذلك من خلال إعطاء الحرية والاستقلالية للموظفين،

ومحاسبتهم على النتائج، وإعطائهم الحرية الذاتية في تقييم أدائهم، ومستوى إنجازهم. كينيدي(Kennedy , 1995 : 793-811) .

4- تهدف إلى تخفيض عدم الثقة ونشر الثقة (Trust) بين الرؤساء والمرؤوسين، كما تساعد على تخطيط المسارات المستقبلية للعمل والنشاط، كما تساعد أيضا على ضمان حسن استخدام الموارد بكفاءة. بافون (-Bavon,1995:491 519)

5- يقوم نظام تقييم الأداء بتوفير المعلومات والإمكانات اللازمة لزيادة فعالية القرارات المتعلقة بالموارد البشرية، وإشباع حاجات الموظفين من المعلومات حول أدائهم. تايلور(Taylor et. al., 1995) .

كما ينظر لعملية تقييم الأداء على أنها من العمليات الإدارية الأساسية، ومن المواضيع الحساسة التي تثير اهتمام الإداريين؛ لما لها من آثار على فاعلية الأداء وعلى الروح المعنوية، وهي عملية دورية ومستمرة، فهي من العمليات التي تتكرر بصورة منتظمة. (السالم وصالح، 2002: 102). وهي من العمليات الإدارية المهمة؛ لأنها تدفع العاملين للعمل بجد وحيوية ونشاط، وهي جزء من عمليات الرقابة
التي تشكل عنصرا أساسيا في العملية الإدارية، وتسير بصورة متوازية مع العمليات الإدارية الأخرى . (خميس، 1992: 4)

2. 3 الدراسات السابقة:

أشارت نتائج المسح المكتبي للأدبيات والدراسات السابقة إلى عدم وجود دراسات، على حد علم المؤلف تبحث بشكل مباشر أثر عملية التعلم التنظيمي في تحسين الأداء الوظيفي، لذلك حاولت هذه الدراسة توظيف ما جاء في الدراسات السابقة قدر الإمكان، وحيث كان ذلك ممكنا لتحقيق أهدافها،علما بأن الدراسات الميدانية في البيئة العربية كانت محدودة جدا:

أ.   الدراسات العربية:

دراسة قامت بها(أبوخضير، 2006) بعنوان (التعلم التنظيمي لتطبيق مفهوم المنظمة المتعلمة بمعهد الإدارة العامة)، حيث قدمت الدراسة تصورا لإدارة التعلم التنظيمي، لتطبيق مفهوم المنظمة المتعلمة في معهد الإدارة العامة، كان من أبرز عملياته المحورية تنمية وعي، وإدراك القيادات الإدارية العليا في المعهد بأهمية الحاجة إلى تبني مفهوم التعلم التنظيمي، لتحويل المعهد إلى منظمة متعلمة، وتكون مجتمع الدراسة من جميع موظفي وموظفات معهد الإدارة العامة في المملكة العربية السعودية الموجودين على رأس العمل في فترة إجراء الدراسة، والبالغ عددهم (780) فردا. وخلصت الدراسة إلى أن معهد الإدارة العامة تتوافر لديه الكثير من مقومات المنظمة المتعلمة. فقد جاء نظام التقنية في المرتبة الأولى، من حيث درجة توافر عناصره في المعهد، واحتل نظام إدارة المعرفة المرتبة الثانية، واحتل نظام التحول التنظيمي المرتبة الثالثة، وجاء نظام تمكين الأفراد في المرتبة الرابعة، في حين جاء نظام التعلم في المرتبة الخامسة والأخيرة، وكشفت نتائج التحليل الإحصائي إلى عدم وجود فروق ذات دلالة إحصائية بين آراء موظفي معهد الادارة العامة، نحو توافر عناصر

الأنظمة الفرعية الخمسة للمنظمة المتعلمة بالمعهد تبعا لمتغيرات: (مقر العمل، المؤهل، نوع الوظيفة، سنوات الخبرة).

دراسة قامت بها(أيوب، 2004) بعنوان "دور ممارسة التعليم التنظيمي في مساندة التغيير الاستراتيجي في المنشآت السعودية الكبرى"، حيث هدفت هذه الدراسة إلى التعرف على رؤية الإدارة العليا لدرجة ممارسة التعليم التنظيمي في المنشآت السعودية الكبرى، ودورها في دعم التغيير الاستراتيجي في تلك المنشآت. ولتحقيق أهداف الدراسة قام الباحث بتطوير استبانة، وتم التأكد من صدقها وثباتها، وتم اختيار عينة عشوائية طبقية تناسبية، واستخدم الباحث مجموعة من الأساليب الإحصائية كالمتوسطات الحسابية، والانحرافات المعيارية، والنسب المئوية، واختبار وتحليل التباين الأحادي، ومربع كاي، ومعاملات الارتباط، وتوصلت الدراسة إلى مجموعة من النتائج كان من أهمها:

1- أن ممارسة التعليم التنظيمي تميل إلى الإعتدال في معظم المنشآت التي شملتها الدراسة.

2- إن البعد الثقافي لممارسة التعليم التنظيمي كان أكثر المتغيرات ارتباطا بالتغيير الاستراتيجي، يليه البعد الاستراتيجي، وجاء البعد التنظيمي في المرتبة الثالثة.

دراسة قام بها(المربع، 2004) بعنوان "التطوير التنظيمي وعلاقته بالأداء الوظيفي" فهدفت هذه الدراسة إلى معرفة العلاقة بين التطوير التنظيمي والأداء الوظيفي لدى العاملين في المديرية العامة للجوازات. وتكونت عينة الدراسة من (235) مبحوثا من شرطة منطقة حائل، وتوصلت الدراسة إلى نتائج كان من أهمها: أن هنالك علاقة قوية بين التطوير التنظيمي والأداء الوظيفي، وأن

أهم معوقات التطوير التنظيمي ضعف سياسات التحفيز، وتجاهل شكاوى العاملين من سلبيات التطوير التنظيمي، وضعف التنسيق بين برامج التطوير وبيئة التنظيم. وأوصت الدراسة بضرورة الاهتمام بسياسات التحفيز، وتمكين العاملين خلق جو من الإبداع والابتكار.

دراسة قام بها(الربيق، 2004) بعنوان : "العوامل المؤثرة في فاعلية الأداء" فقد هدفت هذه الدراسة إلى معرفة مستوى تأثير البيئة الإدارية في فعالية الأداء الوظيفي، وإلى تحديد أهم المعوقات التي تحول دون فعالية الأداء الوظيفي للقيادات الأمنية. وتكونت عينة الدراسة من(323) مبحوثا من قيادة القوات الخاصة لأمن الطرقات وقيادة قوات أمن المنشآت بجميع مناطق المملكة العربية السعودية، وتوصلت الدراسة إلى نتائج كان من أهمها: إن الحوافز لها تأثير في فعالية الأداء الوظيفي، وعدم وجود فروق ذات دلالة إحصائية لفعالية الأداء الوظيفي تعزى لمتغير النوع الاجتماعي. وأوصت الدراسة بضرورة الاهتمام بتوفير مناخ تنظيمي إيجابي، يستند إلى الاهتمام بالعاملين، من حيث تفهم حاجاتهم، ودوافع سلوكهم، ودمج أهدافهم مع أهداف المنظمة.

دراسة قام بها(السويلم، 2003) بعنوان"مجالات استخدام تقويم الأداء" فقد هدفت هذه الدراسة إلى معرفة مجالات استخدام تقويم الأداء في الأجهزة الأمنية في مطار الملك خالد الدولي، والتعرف على معوقات نظام تقويم الأداء. وتكونت عينة الدراسة من(378) مبحوثا من العاملين بالأجهزة الأمنية في المطار، واختيرت العينة بطريقة العينة العشوائية الطبقية، وتوصلت الدراسة إلى نتائج كان من أهمها: إن أقل استخدامات تقويم الأداء الوظيفي تتمثل في ضعف سياسات التحفيز للعاملين، وإن أهم المعوقات هي في عدم

عدالة نظام تقويم الأداء. وأوصت الدراسة بضرورة بناء قاعدة بيانات خاصة بأداء العاملين الوظيفي، يتم الرجوع إليها عند اتخاذ القرارات التي تتعلق بالعاملين.

ويرى (اليامي، 2001) في دراسته بعنوان : "التقصي عن بعض المتغيرات المتوقع أن تؤثر على سلوك البحث عن تغذية عكسية عن الأداء، حيث هدفت إلى تعريف المشرفين والمرؤوسين بالعوامل التي تؤثر في سلوك الموظفين عند بحثهم عن تغذية عكسية عن الأداء. ولتحقيق أهداف الدراسة قام الباحث بتطوير استبانة اعتمادا على مقايسس عدة، وتم التأكد من صدقها وثباتها، وتم اختيار عينة عمدية، واستخدم الباحث مجموعة من الأساليب الإحصائية كمعاملات الارتباط. وتحليل الانحدار المركب، وتوصلت الدراسة إلى مجموعة من النتائج كان من أهمها:

1- أشارت النتائج إلى أن هنالك متغيرات تتنبأ بتكرار سلوك الموظفين عن تغذية عكسية عن الأداء، من خلال استراتيجة السؤال المباشر.

2- أشارت النتائج إلى أن هنالك متغيرات تتنبأ بتكرار سلوك الموظفين عن تغذية عكسية عن الأداء، من خلال استراتيجية الملاحظة.

3- أشارت النتائج إلى أن جودة علاقة المشرف بالمرؤوس ترتبط إيجابيا باستراتيجية السؤال المباشر، واستراتيجية الملاحظة.

دراسة قام بها (يوسف، 1999) دراسة بعنوان :" العلاقة بين دافعية العمل الداخلية والالتزام التنظيمي والأداء الوظيفي والخصائص الفردية لدى موظفي دولة الأمارات العربية المتحدة."، وهدفت هذه الدراسة إلى التعرف على العلاقة بين دافعية العمل الداخلية، والالتزام التنظيمي، والأداء الوظيفي، والخصائص الفردية لدى موظفي دولة الإمارات العربية المتحدة،

وبينت النتائج أن هناك علاقة ارتباط موجبة بين الدافعية الداخلية، وبين الالتزام التنظيمي والأداء الوظيفي, كما أظهرت نتائج الدراسة وجود علاقة ارتباط موجبة بين الالتزام التنظيمي والخبرة .

دراسة (الذنيبات، 1999) بعنوان" المناخ التنظيمي، وأثره على أداء العاملين في أجهزة الرقابة المالية والإدارية في الأردن" هدفت هذه الدراسة إلى التعرف على مدى أثر كل من الهيكل التنظيمي، والسياسات الإدارية المتبعة، والتكنولوجيا في أداء العاملين في هذه الأجهزة، وقد توصلت هذه الدراسة إلى:

1. أن عوامل السياسات الإدارية وأساليب العمل، ومدى استخدام التكنولوجيا، لها أثر في أداء العاملين في أجهزة الرقابة المالية والإدارية في الأردن.

2. أن هناك تفاوتا واضحا في رأي المبحوثين فيما يتعلق بالتكنولوجيا، مما يعطي انطباعا واضحا عن عدم كفاية المعرفة المتوفرة لدى العاملين في أجهزة الرقابة حول كيفية استخدام التكنولوجيا الحديثة في أعمال الإدارة.

دراسة قام بها(العتيبي، 1998) بعنوان: "أثر الخصائص الوظيفية والشخصية، وقيم العمل في الأداء الوظيفي في القطاع الحكومي بدولة الكويت"، وهدفت هذه الدراسة إلى التعرف على أثر الخصائص الوظيفية والشخصية، وقيم العمل في الأداء الوظيفي في القطاع الحكومي بدولة الكويت، حيث قام بوضع مقاييس لقيم العمل، وهي الفخر بالعمل، الاندماجية في العمل، أفضلية العمل، السعي للترقي، القيمة الاقتصادية للعمل، القيمة الاجتماعية للعمل، الدافعية للإنجاز، الانتماء للعمل.

ودلت نتائج الدراسة على أن الخصائص الوظيفية ترتبط بالبيئة الداخلية للمنظمة، مثل:- الراتب الشهري، سنوات الخبرة، وأيضا الخصائص الشخصية، مثل:- الجنس، الجنسية، الحالة الزوجية، العمر، المؤهل الدراسي.

دراسة قام بها (الحاج قاسم، 1999) بعنوان :" العوامل المؤثرة على أداء مندوبي البيع العاملين في شركات التأمين في الأردن, حيث هدفت إلى التعرف على العلاقة بين الخصائص الديموغرافية، والسمات الشخصية، والعوامل التنظيمية ومستوى الأداء لدى مندوبي البيع العاملين في شركات التأمين. وقد توصلت الدراسة إلى عدة نتائج أهمها:

1- وجود علاقة ذات دلالة معنوية ما بين الخصائص الديموغرافية لدى مندوبي البيع في شركات التأمين في الأردن، ومستوى الأداء لديهم .

2- هناك علاقة موجبة ذات دلالة معنوية لإحدى متغيرات السمات الشخصية المتعلقة بالانفتاح والمشاركة، وأخرى سالبة (ضعيفة)، ليست ذات دلالة معنوية لإحدى متغيرات السمات الشخصية المتعلقة بالقدرة على التجديد والابتكار، مع مستوى الأداء لدى مندوبي بيع التأمين .

3- وجود علاقة موجبة ذات دلالة معنوية بين كل من العوامل التنظيمية المختلفة (برامج التدريب، نظام الأجور، التغذية الراجعة من المشرفين، خصائص العمل)، ومستوى الأداء لدى مندوبي البيع العاملين في شركات التأمين.

وفي دراسـة قـام بهـا (زايـد، 1993) بعنـوان (العلاقـة التبادليـة بـين متغـيرات التـعلم الفـردي والـتعلم التنظيمـي) يهـدف هـذا البحـث إلى اقتراح نمـوذج للـتعلم التنظيمي من خلال ثلاث مراحل:- تتم في المرحلة الأولى منه عملية مراجعة وتقييم ثمانية من نماذج التعلم، وفي المرحلة الثانية يتم الربط بين متغيرات التـعلم السـابقة في إطار واحد، يشرح عملية التعلم التنظيمـي، أمـا المرحلـة الثالثـة والأخـيرة فيتم تأكيـد أهمية توجه الجهود البحثية في المستقبل إلى دراسة الاستفادة مـن إمكانيـة المنظمات من عملية التعلم التنظيمي.

ب. الدراسات الأجنبية:

دراسة قام بها كنوديري وابيرتون(Konidari, and Abernot, 2006) بعنوان "من الجودة الشاملة إلى المنظمة المتعلمة" وهدفت إلى إبراز التعلم التنظيمي كطريق آخر لتطوير المهارات الإدارية لدى مديري المدارس في شرق اليونان، عوضا عن إدارة الجودة الشاملة، والبالغ عددهم(457) مدير مدرسة. وخلصت الدراسة إلى أن مديري المدارس تتوافر لديهم تصورات إيجابية نحو التعلم التنظيمي، وهو يؤدي إلى خلق منظمة متعلمة. وأن الالتزام بتطبيق إدارة الجودة الشاملة يسهم مساهمة فعالة في تحويل المدارس إلى منظمات متعلمة.

وقد تناولت دراسة جوريليك(Gorelick, 2005) التعلم التنظيمي ومنظمة التعلم، حيث قدمت الدراسة إطارا نظريا، هدفت من خلاله إلى التعرف على أهمية التعلم التنظيمي، وتقديم التعاريف المناسبة للتعلم التنظيمي، وحالة الربط بين مفهوم التعلم التنظيمي وبناء نموذج للمنظمة المتعلمة، وتوصلت الدراسة إلى أن التعلم التنظيمي يسهم في خلق المنظمة

المتعلمة، وتوصلت الدراسة أيضا إلى أن عملية التعلم تكون فعالة إذا تم الفهم العميق لدورة التعلم أولا، وتحديد الاستراتيجيات الإدارية ثانيا، والتي تم من خلالها فهم ظروف وبيئة المنظمة والتي تسهم في بناء المنظمة المتعلمة.

دراسة قام بها كاندكارا وشارما(Khandekar & Sharma, 2005) بعنوان"التعلم التنظيمي في المنظمات الهندية" حيث هدفت إلى التعرف على أثر التعلم التنظيمي، واستراتيجية إدارة الموارد البشرية في تحقيق الميزة التنافسية في المنظمات الهندية، ويتكون مجتمع الدراسة من تسع شركات عالمية وهندية في مدينة نيودلهي، حيث تم سحب عينة عشوائية بسيطة بلغ تعدادها(300) مدير، واستخدمت أساليب التحليل الوصفي وأساليب التحليل المقارنة لتحليل البيانات، وتوصلت الدراسة إلى وجود علاقة إيجابية بين التعلم التنظيمي واستراتيجية إدارة الموارد البشرية في تحقيق الميزة التنافسية.

قام كروسن وبيرودو(Crossan and Berdrow, 2003) بدراسة للربط بين التعلم التنظيمي والتجديد والتحديث الاستراتيجي، مستخدما إطارا شاملا لعملية التعلم يتضمن(4Is) هي التعلم بالحدس، التفسير المتكامل, جعل التعلم جزءا من ثقافة المنظمة. لقد هدفت الدراسة إلى تقديم إطار عام يمكن تعميم استخدامه لفهم عملية التعلم في جميع المنظمات, وفهم الاستجابة المطلوبة للتغيير عند التحول من أسلوب نقل البريد بالطريقة التقليدية إلى نقل البريد الكترونيا في مؤسسة البريد الكندية. وقد تم استخدام أسلوب دراسة الحالة بالاعتماد على المعلومات الوصفية من الأرشيف، والملاحظة والمقابلة باعتماد أكثر من مبحوث لكل مقابلة.

وقد توصلت الدراسات إلى وجود علاقة بين نموذج التعلم في مؤسسة البريد الكندية والتحديث الاستراتيجي فيها. واستطاعت تفسير كيفية إدارة

التوتر الذي ينشأ عند اكتشاف معارف جديدة(Exploration)، واستثمار ما قد تم تعلمه سابقا (Exploitation) في مستويات التعلم، على مستوى الفرد والجماعة والمنظمة. كما أكدت الدراسة أن عملية التعلم تكون فعالة إذا تم وصف التعلم التنظيمي أولا، ثم تحديد مدى ملائمة عملية التعلم التنظيمي لأوضاع المنظمة وظروفها.

اعتمدت دراسة. زيتزمان وآخرون(Zietsman, et.al., 2002) بعنوان "دور القوة والسلطة في التعلم التنظيمي" على جمع معلومات عن أداء شركة ماكميلان بلوديل، (MB) ودورها في مواجهة التغيرات الملموسة التي تحدث في البيئة الخارجية. وقد بينت الدراسة أهمية الأوضاع والظروف المحيطة بالنسبة لعملية التعلم التنظيمي, ودور القوة والسلطة في التعلم التنظيمي.

كما أيدت النتائج أن القدرة على التعلم التنظيمي والتحديث الاستراتيجي توجد في كل المنظمات، ما دام الأفراد والجماعات يقومون بعملية التعلم الحدسي، ويعطون العناية الكافية, ويقومون بتفسير خبراتهم وتجربتها في الواقع العملي.

دراسة قام بها ناكيون وهالتون(Naquin & Holton, 2002) بعنوان :أثر الخصائص الشخصية والفعالية، والالتزام نحو العمل في دافعية تحسين العمل من خلال التعليم", وهدفت هذه الدراسة إلى التعرف على أثر الخصائص الشخصية والفعالية، والالتزام نحو العمل في دافعية تحسين العمل من خلال التعليم.

وقد أجريت الدراسة على عينة غير عشوائية من المشتركين في الدورات التدريبية في الشركات الكورية في القطاع الخاص, وقد بينت نتائج الدراسة : أن الخصائص الشخصية والفعالية والالتزام نحو العمل تعد سوابق مهمة

لدافعية تحسين العمل عن طريق التعلم, وأن الفعالية الإيجابية والالتزام نحو العمل قد فسرت 57% من التباين في دافعية تحسين العمل من خلال التعلم.

وهناك دراسة دينتون(Denton 1998) بعنوان "التعلم والتأثير التنظيمي" حيث هدفت هذه الدراسة إلى تناول العوامل التي أسهمت في تطور مفهوم التعلم التنظيمي, وقدمت نموذجا مقترحا للتعلم التنظيمي، ويتألف من ثلاثة أبعاد: البعد الاستراتيجي, البعد التنظيمي, البعد الثقافي.

لقد تم القيام بدراسة استطلاعية في(400) شركة كبيرة ومتوسطة في جنوب انكلترا للتعرف على آراء المديرين حول عملية التعلم التنظيمي. وتوصلت الدراسة إلى أن العامل الرئيس في تعلم المنظمة يتطلب تطبيق نموذج التعلم، الذي يحتوي على الابعاد الثلاثة المقترحة، حتى يمكن تصنيف المنظمة ضمن منظمات التعلم ، كما أن إيجاد منظمات التعلم يتطلب دعم الإدارة العليا، من خلال الدور القيادي الذي تقوم به. كما وجدت الدراسة أن الاستثمار المشترك، أو التحالفات الإستراتيجية مع المنشآت الأخرى تعطي فرصة أكبر للتعلم التنظيمي.

إن عملية التعلم التنظيمي تختلف في أهميتها باختلاف حجم المنشآت، ويمكن تطبيقها بصورة واضحة في المنشآت الكبرى, بالإضافة إلى وجود اختلاف بسيط في ممارسة التعلم التنظيمي باختلاف قطاعات الصناعة، وإن المنظمات التي تضع خططا مدروسة للتعلم تكون أكثر استعدادا لتغيرات البيئة المحيطة .

أما دراسة لانت وآخرون(Lant, et.al.,1992) بعنوان "دور التعلم التنظيمي في التوجه الاستراتيجي" فقد قامت بجمع معلومات حول أداء أربعين منظمة تعمل في صناعة المفروشات ذات البيئة المستقرة, وثلاث وستين منظمة

تعمل في صناعة البرمجيات ذات البيئة المتغيرة. وقد استخدمت الدراسة إطارا للتعلم التنظيمي في المنشآت، لبناء واختبار نموذج لصنع القرارات الاستراتيجية والتي تعمل على تكييف المنظمة استراتيجيا مع الظروف والأوضاع المحيطة .

وقد توصلت الدراسة إلى أن نموذج التعلم التنظيمي هو نموذج أكثر تعقيدا من عملية المحاولة والخطأ في التعلم، والتي يتم التركيز عليها غالبا في أدبيات التعلم التنظيمي. وأن تفسير الإدارة لخبراتها و معارفها له دور كبير في التأثير في تصرفات المنظمة الإستراتيجية، بالإضافة إلى تأثير المعلومات الخاصة بالأداء السابق للمنظمات.

ما يميز هذه الدراسة:

يبين العرض السابق أنه على الرغم من الاهتمام المتزايد بتطبيق مدخل التعلم التنظيمي، إلا أن مفهوم التعلم التنظيمي لا يزال يواجه العديد من التحديات، سواء في المجال النظري أو التطبيقي، وأن استخدامه في مجال الإدارة الاستراتيجية يعد حديث العهد، ولا تزال الدراسات المتعلقة بهذا المجال قليلة. وقد ساعد استعراض الدراسات السابقة في إلقاء نظرة على مفهوم عملية التعلم التنظيمي وأبعادها، والعوامل ذات التأثير الإيجابي أو السلبي عليها، وأثرها في تحسين الأداء الوظيفي، لهذا جاءت هذه الدراسة لسد النقص الحاصل في هذا المجال، وهذا ما يميز الدراسة عن غيرها.

الفصل الثالث
المنهجية والتصميم

الفصل الثالث
المنهجية والتصميم

3. 1 منهجية الدراسة:

لقد تبنت الدراسة منهجية البحث الوصفي، والميداني التحليلي. فعلى صعيد البحث الوصفي، تم إجراء المسح المكتبي، والإطلاع على الدراسات والبحوث النظرية والميدانية، لأجل بلورة الأسس والمنطلقات التي يقوم عليها الإطار النظري، والوقوف عند أهم الدراسات السابقة، التي تشكل رافدا حيويا في الدراسة، وما تتضمنه من محاور معرفية. أما على صعيد البحث الميداني التحليلي، فقد تم إجراء المسح الاستطلاعي الشامل، وتحليل كافة البيانات المتجمعة من خلال الإجابة عن الاستبانات، واستخدام الطرق الإحصائية المناسبة، وكان اعتماد الدراسة على الاستبانة التي تم تطويرها.

3. 2 مجتمع الدراسة:

يمثل مجتمع الدراسة في قطاع العاملين في (10) مؤسسات حكومية، ومن جميع المستويات الإدارية العليا والوسطى والدنيا. وهذه المؤسسات هي: (مؤسسة الإقراض الزراعي، مؤسسة إدارة وتنمية أموال الأيتام، المؤسسة الأردنية لتشجيع الاستثمار، المؤسسة العامة للضمان الاجتماعي، مؤسسة الإذاعة والتلفزيون، مؤسسة المواصفات والمقاييس، مؤسسة سكة حديد العقبة، مؤسسة المناطق الحرة، مؤسسة التدريب المهني، مؤسسة الإسكان والتطوير الحضري). حيث بلغ عددهم(6815) موظفا وموظفة، وتم الرجوع

إلى الإحصاءات الصادرة عن ديوان كل مؤسسة من المؤسسات المبحوثة للتأكد من مطابقة أعداد العاملين فيها. والجدول التالي يوضح ذلك:

الجدول رقم(1)

أعداد العاملين في المؤسسات الحكومية الأردنية. وعينة الدراسة

المؤسسة	عدد المدراء	العينة	عدد العاملين	العينة
مؤسسة إدارة وتنمية أموال الأيتام	10	2	250	38
مؤسسة الإسكان والتطوير الحضري	82	12	540	81
مؤسسة التدريب المهني	54	3	1432	215
مؤسسة المناطق الحرة	58	9	380	57
مؤسسة سكة حديد العقبة	11	2	227	34
مؤسسة المواصفات والمقاييس	16	2	184	28
مؤسسة الإذاعة والتلفزيون	50	8	1650	248
المؤسسة العامة للضمان الاجتماعي	20	8	1180	177
مؤسسة الإقراض الزراعي	35	6	365	55
المؤسسة الأردنية لتشجيع الاستثمار	21	3	250	38
المجموع	357	55	6458	971

3. 3 عينة الدراسة:

تم أخذ عينة طبقية عشوائية تمثل (15%) من كل طبقة في كل مؤسسة , كما يظهر بالجدول رقم (1)، وقد تم توزيع (1026) استبأنة على عينة الدراسة، حيث تم توزيع (55) إستبانة على عينة المدراء واستعيدت كاملتا وتم توزيع (971) إستبانة على عينة العاملين، حيث استرجع (934) استبانة، وتم استبعاد (15) استبانة لعدم صلاحيتها للتحليل الإحصائي، ليصبح عدد

الاستبانات الصالحة للتحليل (919) استبانة لتشكل ما نسبته (13.5%)* من مجتمع الدراسة الكلي، وما نسبته(89.2%) من عينة الدراسة الكلية، وهي نسبة مقبولة لأغراض البحث العلمي.

جدول رقم (2)

يبين التوزيع التكراري لمفردات عينة الدراسة

المتغير	الفئة	العدد	النسبة
النوع الاجتماعي	ذكر	670	%72.9
	أنثى	249	% 27.1
المستوى الإداري	مدير	55	%6
	موظف	971	%94
الخبرة	5 سنوات فأقل	125	%13.6
	6-10 سنوات	190	%20.7
	11-15 سنة	314	%34.2
	16 سنة فأكثر	290	% 31.6
المؤهل العلمي	ثانوية عامة	189	%20.6
	دبلوم كلية	253	%27.5
	بكالوريوس	413	%44.9
	شهادة عليا	64	% 7.0
العمر	25 سنة فأقل	56	%6.1
	26-35 سنة	330	%35.9
	36-46 سنة	424	%46.1
	47 سنة فأكثر	109	% 11.9

* تعتبر هذه النسبة مناسبة, بناءا" على ما ورد في القاعدة الاولى من القواعد الثلاث التي وضعها الباحث (Roscoe ,1975), بأن حجم العينه الواقع بين 30-500 مفرده يعتبر مناسبا" لمعظم الدراسات (Sekaran,2004,P295

يوضح الجدول رقم (2) أن أغلبية العينة هم من الذكور حيث بلغ عددهم (670) بنسبة (72.9%) من مجموع أفراد عينة الدراسة، في حين بلغت نسبة الإناث (27.1%) من المجموع الكلي للعينة، ويعزى ذلك إلى أن المرأة تفضل العمل في مجالات أخرى كالتعليم والصحة.

بالنسبة لمتغير المؤهل العلمي، فكانت أعلى نسبة لفئة البكالوريوس، حيث بلغت نسبتهم (44.9%)، تلاهم في ذلك حملة دبلوم كلية مجتمع بنسبة (27.5%)، ثم تلاهم فئة حملة الثانوية العامة بنسبة (20.6%)، وأخيرا جاءت فئة حملة الشهادات العليا بنسبة (7%).

وفيما يخص المستوى الإداري نجد أن فئة الموظفين كانت أعلى نسبة من مجموع أفراد عينة الدراسة، وبلغت نسبتهم (94%)، في حين جاءت فئة المدراء بنسبة (6%)، وهذا أمر طبيعي في أن هذه الفئة تضم عددا قليلا ومحدودا من الأفراد، بخلاف المستويات الإدارية الأخرى كما هو قائم في الواقع الإداري للمؤسسات العامة ويظهر في الجدول رقم(1).

أما فيما يتعلق بمتغير الخبرة فقد كانت أعلى نسبة هي فئة (11-15 سنة)، حيث بلغت هذه النسبة (34.2%)، وتلاها في ذلك فئة (16 سنة فأكثر)، حيث بلغت النسبة (31.6%)، ثم تلاها في ذلك فئة (6-10 سنوات)، بنسبة (20.7%)، وكانت فئة (5 سنوات فأقل)، هي أقل نسبة، حيث شكلت النسبة (13.6%) من عينة الدراسة.

وبالنسبة لمتغير العمر فقد شكلت فئة (36-46) سنة أعلى نسبة، حيث كانت النسبة (46.1%)، من عينة الدراسة، تلاها في ذلك الفئة (26-35 سنة) حيث كانت نسبتها (35.9%)، من عينة الدراسة، وهاتان الفئتان

تشكلان الغالبية العظمى من العاملين في المؤسسات المبحوثة، ثم تلا ذلك الفئة العمرية (47 سنة فأكثر)، بنسبة مقدارها (11.9%)، أما أقل فئة عمرية فكانت فئة (25 سنة فأقل)، حيث كانت نسبتها (6.1%)، من عينة الدراسة.

3. 4 أداة الدراسة :

تم تطوير استبانة الدراسة اعتمادا على الإطار النظري والدراسات السابقة في الموضوع، وقد تكونت الاستبانة من قسمين هما: (الملحق رقم 1)

القسم الأول: ويتضمن المعلومات المعبرة عن خصائص عينة الدراسة، طبقا للمتغيرات الديمغرافية وهي (النوع الاجتماعي، المؤهل العلمي، الخبرة الوظيفية، العمر، المستوى الوظيفي).

القسم الثاني: ويتضمن (57) فقرة ضمن مقياس (ليكرت Likert) للخيارات المتعددة الذي يحتسب أوزان تلك الفقرات بطريقة خماسية على النحو الآتي: الخيار (تنطبق دائما) ويمثل (5 درجات)، و(تنطبق غالبا) ويمثل(4 درجات) و(تنطبق أحيانا) ويمثل(3 درجات)، و(تنطبق نادرا) ويمثل(درجتين)، و(لا تنطبق أبدا) ويمثل(درجة واحدة).

وقد توزعت الفقرات الـ (57) لتشمل المتغيرين (المستقل والتابع) بمختلف أبعادهما، وكما هي موضحة أدناه:

الفقرات من(1-47) وتقيس المتغير المستقل (درجة ممارسة التعلم التنظيمي) وهذه الفقرات، تمت الاستعانة بها في بناء الاستبانة الخاصة بالتعلم التنظيمي من خلال دراسة(أيوب، 2004) ودراسة (Denton, 1998) ودراسة (Goh , 1998) ودراسة (Marquardt & Reynolds , 1994 :91)

لوضع نموذج عام للأبعاد الخاصة بممارسة التعلم التنظيمي وأجريت عليها التعديلات اللازمة لكي تناسب أهداف الدراسة.

الفقرات من (48-57) وتقيس المتغير التابع (الأداء الوظيفي) وهذه الفقرات صاغتها الدراسة، بالاعتماد على مقياس (Alutto, 1986).

الجدول رقم (3)
متغيرات الدراسة وأرقام الفقرات التي تقيسها

إسم البعد	تسلسل الفقرات
درجة ممارسة التعلم التنظيمي	47-1
البعد الاستراتيجي للتعلم التنظيمي	14-1
الرؤية المشتركة بين أعضاء التنظيم	5-1
المتغيرات البيئية	10-6
استراتيجية التعلم	14-11
البعد التنظيمي للتعلم التنظيمي	32-15
العمل من خلال الفريق	19-15
الهيكل التنظيمي المرن	25-20
إيجاد المعرفة	32-26
البعد الثقافي للتعلم التنظيمي	47-33
التعلم من الأخطاء	38-33
البيئة المساندة للتعلم	43-39
الجودة الكلية للتعلم	47-44
الأداء الوظيفي	57-48

3. 5 صدق أداة الدراسة:

لقد تم عرض الاستبانة على(15) محكما من أساتذة الإدارة المختصين، وأعضاء هيئة التدريس في جامعة مؤتة والجامعات الأردنية، للتحقق من مدى صدق فقرات الاستبانة، ولقد تم الأخذ بملحوظاتهم، وإعادة صياغة بعض الفقرات، وإجراء التعديلات المطلوبة، بشكل دقيق يحقق التوازن بين مضامين الاستبانة في فقراتها، وفضلا عن ذلك، فقد جرى عرض الاستبانة على عينة اختبارية قوامها(50) موظفا من خارج عينة الدراسة، بغرض التعرف على درجة استجابة المبحوثين للاستبانة وعبروا عن رغبتهم في التفاعل مع فقراتها، مما أكد صدق الأداة.

3. 6 ثبات أداة الدراسة:

جرى استخراج معامل الثبات، طبقا لكرونباخ ألفا (Cronbach,s Alpha), للتأكد من الاتساق الداخلي بصيغته النهائية الكلية، ولكل متغير بجميع أبعاده، وكانت النتائج كما هي موضحة في الجدول رقم (4) الآتي:

جدول رقم (4)

قيمة معامل الثبات للاتساق الداخلي لمتغيرات الدراسة التابعة والمستقلة

رقم الفقرة في الاستبانة	اسم المتغير والبعد	معامل الثبات (كرونباخ ألفا)
47-1	البعد المستقل (التعلم التنظيمي)	0.89
57-48	المتغير الكلي التابع (الأداء الوظيفي)	0.92
57-1	الكلي للاستبانة (المتغيرات والأبعاد والفقرات)	0.91

يلاحظ من الجدول رقم(4) أن معاملات الثبات لجميع متغيرات الدراسة مجتمعة =(0.91) وهي نسبة ممتازه لإجراء الدراسة (Sekaran,2004p.311)

3. 7 المعالجة الإحصائية :

للإجابة عن أسئلة الدراسة واختبار صحة فرضياتها تم استخدام أساليب الإحصاء الوصفي والتحليلي، وذلك باستخدام الرزمة الإحصائية (Spss.10).

1- مقاييس الإحصاء الوصفي(Descriptive statistic Measures) لوصف خصائص عينة الدراسة بالنسب المئوية ، والإجابة على أسئلة الدراسة وترتيب الأبعاد تنازليا .

2- تحليل الانحدار المتعدد(Multiple Regression Analysis) لاختبار مدى صلاحية نموذج الدراسة، وتأثير المتغير المستقل، وأبعاده على المتغير التابع وأبعاده .

3- مصفوفة إرتباط بيرسون (pearsons correlation matrix) لمعرفة العلاقة الإرتباطية بين متغيرات الدراسه المتعلقة والتابعه .

4- تحليل التباين الأحادي (ANOVA) لاختبار الفروقات للمتغيرات الديمغرافية في تصورات المبحوثين إزاء المتغيرات المستقلة والتابعة وأبعادها .

5- تحليل الانحدار المتعدد المتدرج(Stepwise Multiple Regression Analysis) لاختبار دخول المتغيرات المستقلة في معادلة التنبؤ بالمتغير التابع.

6- اختبار معامل تضخم التباين (Variance Inflation Factory)(VIF) واختبار التباين المسموح(Tolerance) للتأكد من عدم وجود ارتباط عال (Multicollinearity) بين المتغيرات المستقلة.

7- اختبار معامل الالتواء (Skewness) وذلك للتأكد من أن البيانات تتبع التوزيع الطبيعي (Normal Distributions).

3. 8 نموذج الدراسة:

أن المتغير المستقل في هذه الدراسة هو درجة ممارسة التعلم التنظيمي، ويتكون من الأبعاد والمتغيرات الفرعية وهي:(البعد الاستراتيجي للتعلم التنظيمي، البعد التنظيمي للتعلم التنظيمي، البعد الثقافي للتعلم التنظيمي) أما المتغير التابع فهو الأداء الوظيفي.

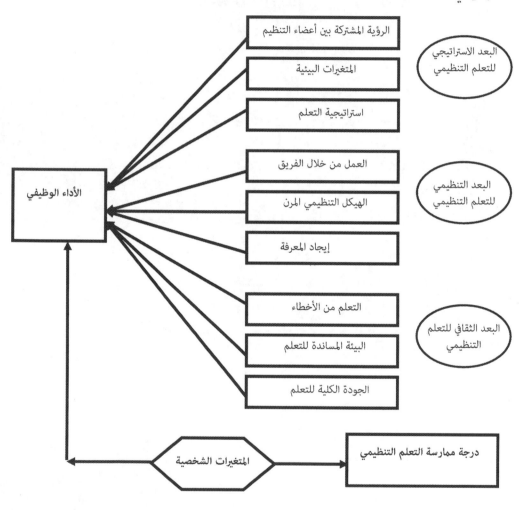

المتغير التابع
المتغير المستقل

3. 9 التعريفات الإجرائية:

أ. المتغيرات المستقلة:

التعلم التنظيمي: عملية مستمرة نابعة من رؤية أعضاء المنظمة، حيث تستهدف هذه العملية استثمار خبرات وتجارب المنظمة، ورصد المعلومات الناجمة عن هذه الخبرات والتجارب في ذاكرة المنظمة، ثم مراجعتها من حين لآخر للاستفادة منها في حل المشكلات التي تواجهها، وذلك في إطار من الدعم والمساندة من قيادة المنظمة بشكل خاص، والثقافة التنظيمية بشكل عام.(هيجان، 1998).

البعد الاستراتيجي(أيوب، 2004):

يتضمن هذا البعد العناصر التالية:

1- **الرؤية المشتركة بين أعضاء التنظيم:** وتعني أن ينظر أعضاء التنظيم إلى مستقبل المنظمة وأهدافها بمنظار واحد، أو برؤية متشابهة, مما يؤدي إلى ترابط علاقاتهم، وتوحيد جهودهم في وضع خطة عمل مشتركة للوصول للمستقبل المنشود، وتحقيق الأهداف المرجوة. كما تؤدي الرؤية المشتركة إلى تزويد الأفراد بالطاقة اللازمة للتعلم، والتصرف بما يتفق مع غرض التنظيم وتوجهاته المستقبلية.

2- **متابعة المتغيرات البيئية:** وتعني توقع التغيرات في البيئة، والاستعداد لوضع الخطط للتكيف معها. يتم ذلك من خلال وضع بدائل من السيناريوهات المناسبة للتخفيف من حدة تأثير العوامل البيئية المختلفة، وجعلها بقدر الإمكان تعمل لمصلحة التنظيم، مما يدعم قدرة المنظمة على التعلم .

3- **استراتيجية التعلم:** وتعني أن يكون لدى التنظيم خطة محددة تساند التدريب والتعلم والابتكار, مرسومة بصورة واضحة وواعية. وتعتبر هذه الاستراتيجية إحدى أنشطة التنظيم الرئيسية.

البعد التنظيمي(أيوب, 2004) :

ويتضمن العناصر التاليه:

1- **العمل من خلال الفريق :** إن العمل من خلال الفريق يشجع على الحوار بين أعضائه, وتبادل الأفكار والمعارف والمهارات . كما يثير القدرة الجماعية المشتركة على توليد أفكار جديدة مبتكرة للعمل مع المشكلات, والاستجابة للتغيرات, مما يؤدي إلى تأمين تعلم الفريق, واكتسابه الخبرة من خلال العمل الجماعي.

2- **الهيكل التنظيمي المرن:** إن أكثر الهياكل ملاءمة للتعلم التنظيمي هو الهيكل المرن مثل:- هيكل المصفوفة, أو هيكل الفريق الذي يعطي العاملين الحرية في التجريب والابتكار. بالإضافة إلى اعتماد الهيكل الأفقي الذي يحوي عددا أقل من المستويات الإدارية, كما يتم الاعتماد على اللامركزية في اتخاذ القرارات. والبعد عن الروتين والبيروقراطية, والإجراءات الرسمية, والرقابة المشددة في بيئة العمل. وتكون فرق العمل قريبة من مراكز اتخاذ القرار, وعلى اتصال دائم معها.

3- **إيجاد المعرفة ونقلها إلى أنحاء التنظيم :** يتضمن هذا العنصر اكتساب الخبرة والمعارف من خلال التعلم من الأخطاء السابقة, وتبادل المعرفة بين أعضاء التنظيم للتجارب الناجحة التي حققتها المنشأة في الماضي, والتي يجب أن تتحقق في المستقبل, كذلك الاستفادة من تجارب

المنشآت الأخرى الناجحة، والمنشآت المنافسة، والتعرف على أفضل الممارسات الإدارية فيها, ونقلها إلى جميع العاملين في التنظيم للاستفادة منها في مجال التطبيق العملي.

البعد الثقافي(أيوب، 2004) :

ويتضمن العناصر التاليه:

1- **تجنب التركيز على الفشل و التعلم من الأخطاء السابقة.** وذلك بإيجاد بيئة عمل تثمن التعلم بصورة عالية وتشجعه, وتعتبر أن الأخطاء التي يقع فيها الأفراد حين التنفيذ لا تشكل نقطة ضعف في أدائهم، وإنما تشكل فرصة ووسيلة للتطوير والتعلم من تلك الأخطاء .

2- **البيئة المساندة للتعلم,** وتشير إلى القدرة على إيجاد المعلومات و المعارف الجديدة وتنقيحها و حفظها, ثم العمل على استخدامها في التعامل مع الفرص والمشاكل التي تواجه التنظيم. يتضمن هذا العنصر كذلك مراجعة الوضع الحالي للتنظيم والممارسات المستخدمة فيه, و تشجيع الأفراد في إيجاد طرق وأفكار جديدة, وإدخال تحسينات في أساليب العمل، ونوع المنتجات والخدمات، ومكافأة الأفراد المبدعين .

3- **الجودة الكلية للتعلم .** إن الاهتمام بالجودة الكلية للتدريب و التعلم غالبا ما تعتبر الخطوة الأولى نحو التعلم التنظيمي؛ بسبب تشابه كل من المفهومين في خاصية المعرفة التراكمية. وتتطلب إدارة الجودة الشاملة أن يعمل كل فرد في التنظيم على التعلم بصورة مستمرة؛ لأداء العمل بكفاءة و فاعلية, وهذا ما يتطابق مع المفاهيم الأساسية في التعلم التنظيمي .

ب. المتغير التابع:

الأداء الوظيفي: ويعني قيام العاملين بالمهام والواجبات التي تتطلبها الوظيفة التي يشغلونها من خلال الحصول على حقائق أو بينات محددة، من شأنها أن تساعد على تحليل وفهم وتقييم أداء العامل لعمله، ومسلكه في فترة زمنية محددة، وتقدير مدى كفاءتة الفنية والعملية والعلمية: للنهوض بأعباء المسؤوليات والواجبات المتعلقة بعمله في الحاضر والمستقبل.(العديلي، 1995: 499) .

المزايا التنافسية: ويمثل النشاط الشمولي المستمر والذي يعكس نجاح المنظمة واستمراريتها وقدرتها على التكيف مع البيئة أو فشلها وانكماشها ، وفق أسس ومعايير محدودة تضعها المنظمة وفقا لمتطلبات نشاطها ، وعلى ضوء الأهداف طويلة الأمد.(الحسيني، 2000: 17)

الفصل الرابع
عرض النتائج

الفصل الرابع
عرض النتائج

فيما يلي عرض لنتائج التحليل الإحصائي الوصفي للبيانات، وهي قيمة المتوسطات الحسابية والانحرافات المعيارية، والأهمية النسبية لجميع أبعاد الدراسة، والفقرات المكونة لكل بعد ، مع الأخذ بعين الاعتبار أن تدرج المقياس المستخدم في الدراسة كما يلي :

لا تنطبيق أبدا	يطبق نادرا	يطبق أحيانا	ينطبق غالبا	تطبق دائما
(1)	(2)	(3)	(4)	(5)

واستنادا إلى ذلك فإن قيم المتوسطات الحسابية التي وصلت إليها الدراسة، سيتم التعامل معها لتفسير البيانات على النحو التالي :

مرتفع	متوسط	منخفض
3.5 فما فوق	3.49-2.5	2.49-1

وبناء على ذلك فإذا كانت قيمة المتوسط الحسابي للفقرات أكبر من (3.5) فيكون مستوى التصورات مرتفعا، وهذا يعني موافقة أفراد المجتمع على الفقرة، أما إذا كانت قيمة المتوسط الحسابي(2.5-3.49) فإن مستوى التصورات متوسط، وإذا كان المتوسط الحسابي أقل من(2.49) فيكون مستوى التصورات منخفضا.

1.4 الإجابة عن أسئلة الدراسة:

السؤال الأول: ما درجة ممارسة التعلم التنظيمي في المؤسسات العامة الأردنية؟

وللإجابة على هذا السؤال تم احتساب المتوسطات الحسابية والانحرافات المعيارية، لتصورات العاملين في المؤسسات العامة الأردنية لدرجة ممارسة التعلم التنظيمي في المؤسسات العامة الأردنية وعلى النحو الآتي:

جدول رقم (5)

المتوسطات الحسابية والانحرافات المعيارية لتصورات المبحوثين لدرجة ممارسة التعلم التنظيمي في المؤسسات العامة الأردنية.

تسلسل الفقرات	أسم البعد	المتوسط الحسابي	الانحراف المعياري	الترتيب	مستوى الفقرة وفقا للمتوسط الحسابي
14-1	البعد الاستراتيجي للتعلم التنظيمي	3.36	0.54	1	متوسط
32-15	البعد التنظيمي للتعلم التنظيمي	3.29	0.59	3	متوسط
47-33	البعد الثقافي للتعلم التنظيمي	3.31	0.62	2	متوسط
47-1	درجة ممارسة التعلم التنظيمي	3.32	0.48	-	متوسط

يبين الجدول رقم (5) أن المتوسطات الحسابية لتصورات المبحوثين على درجة ممارسة التعلم التنظيمي في المؤسسات العامة الأردنية (البعد الاستراتيجي للتعلم التنظيمي، البعد التنظيمي للتعلم التنظيمي، البعد الثقافي للتعلم التنظيمي)، جاءت بدرجة متوسطة، وبلغ المتوسط الكلي لدرجة ممارسة التعلم التنظيمي في المؤسسات العامة الأردنية (3.32)، وقد احتل

بعـد البعـد الاستراتيجـي للـتعلم التنظيمـي المرتبـة الأولـى، بمتوسـط حسـابي بلـغ (3.36)، يلي ذلك بعد البعد الثقافي للتعلم التنظيمي، بمتوسـط حسـابي بلـغ (3.31)، في حين جاء في المرتبة الأخيرة بعد البعد التنظيمي للتعلم التنظيمي بمتوسـط حسـابي بلـغ (3.29). ولعل ذلك يشير إلى أن هذا المفهـوم لم يتبلـور في المؤسسـات العامـة الأردنيـة بشكل مؤسسي ومخطط له، ولكنه ظهر بشكل عفوي دون التركيز عليه من قبـل هـذه المؤسسات ، وسيتم التعرف على ذلك من خلال استعراض أبعاد هـذا المفهـوم وفقراتـه في الأجزاء اللاحقة.

أولا: البعد الاستراتيجي للتعلم التنظيمي

جدول رقم (6)

المتوسطات الحسابية والانحرافات المعيارية لتصورات المبحوثين للبعد الاستراتيجي للتعلم التنظيمي في المؤسسات العامة الأردنية.

مستوى الفقرة وفقا للمتوسط الحسابي	الترتيب	الانحراف المعياري	المتوسط الحسابي	أسم البعد	تسلسل الفقرات
متوسط	1	0.66	3.46	الرؤية المشتركة بين أعضاء التنظيم	5-1
متوسط	2	0.70	3.36	المتغيرات البيئية	10-6
متوسط	3	0.63	3.26	استراتيجية التعلم	14-11
متوسط	-	0.54	3.36	البعد الاستراتيجي	14-1

يبين الجدول رقـم (6) أن المتوسـطات الحسـابية لتصـورات المبحـوثين علـى أبعـاد البعد الاستراتيجي للتعلم التنظيمي في المؤسسات العامة الأردنية (الرؤية المشتركة بين أعضاء التنظيم، المتغيرات البيئية، اسـتراتيجية التـعلم) جـاءت بدرجـة متوسـطة، وبلـغ المتوسط الكلي للبعد الاستراتيجي للتعلم

التنظيمي في المؤسسات العامة الأردنية (3.36)، وقد احتل بعد الرؤية المشتركة بين أعضاء التنظيم المرتبة الأولى، بمتوسط حسابي بلغ (3.46)، يلي ذلك بعد المتغيرات البيئية بمتوسط حسابي بلغ (3.36)، في حين جاء في المرتبة الأخيرة بعد استراتيجية التعلم بمتوسط حسابي بلغ (3.26).

وفيما يلي عرض تفصيلي لتصورات المبحوثين للأبعاد المتضمنة للبعد الاستراتيجي للتعلم التنظيمي وهي كما يلي:

1. الرؤية المشتركة بين أعضاء التنظيم

الجدول رقم (7)

المتوسطات الحسابية والانحرافات المعيارية لتصورات المبحوثين للرؤية المشتركة بين أعضاء التنظيم في المؤسسات العامة الأردنية.

رقم الفقرة	محتوى الفقرة	المتوسط الحسابي	الانحراف المعياري	الترتيب حسب الأهمية	المستوى حسب المتوسط
1.	تقوم مؤسستي على تحديد أهدافها المستقبلية	3.69	0.95	1	مرتفع
2.	تقوم مؤسستي بنقل أهداف التعلم إلى جميع العاملين فيها	3.45	0.80	3	متوسط
3.	تشجع مؤسستي الأفراد على إبداء ملاحظاتهم واقتراحاتهم حول أهداف التعلم	3.32	0.89	5	متوسط
4.	يؤكد نظام الاتصالات في مؤسستي على وضوح أهداف التعلم لدى جميع العاملين في المنظمة.	3.35	0.84	4	متوسط
5.	تؤكد مؤسستي على أهمية تحقيق أهداف التعلم	3.48	0.98	2	متوسط
5-1	الرؤية المشتركة بين أعضاء التنظيم	3.46	0.66	-	متوسط

يظهر من الجدول رقم (7) أن المتوسط العام لتصورات العاملين في المؤسسات العامة الأردنية لممارسة الرؤية المشتركة بين أعضاء التنظيم، جاءت بدرجة متوسطة، وبمتوسط حسابي بلغ (3.46)، وقد احتلت الفقرة رقم(1) (تقوم مؤسستي على تحديد أهدافها المستقبلية) المرتبة الأولى، بمتوسط حسابي بلغ (3.69)، في حين جاءت الفقرة رقم(3) (تشجع مؤسستي الأفراد على إبداء ملاحظاتهم واقتراحاتهم حول أهداف التعلم) في المرتبة الأخيرة بين فقرات هذا البعد، بمتوسط حسابي بلغ (3.32)، كما يظهر من الجدول أن المتوسطات الحسابية لجميع فقرات هذا البعد جاءت بدرجة متوسطة. وتدلل النتائج على أن الرؤية المشتركة نحو تحديد الأهداف المستقبلية للمؤسسة قد تبلورت بشكل مرتفع، في حين جاءت هذه الرؤية لنقل التعلم وتحقيق أهدافه متوسطة.

2. المتغيرات البيئية

الجدول رقم(8)

المتوسطات الحسابية والانحرافات المعيارية لتصورات المبحوثين للمتغيرات البيئية في المؤسسات العامة الأردنية.

رقم الفقرة	محتوى الفقرة	المتوسط الحسابي	الانحراف المعياري	الترتيب حسب الأهمية	المستوى حسب المتوسط
.6	تقوم مؤسستي بتحديد الفرص والتهديدات الموجودة من خلال التحليل الاستراتيجي للبيئة الخارجية.	3.29	1.00	4	متوسط
.7	تحدد مؤسستي نقاط القوة والضعف لديها من خلال التحليل الاستراتيجي للبيئة الداخلية.	3.22	1.01	5	متوسط
.8	تحرص مؤسستي على تحقيق الميزة التنافسية الخاصة بها.	3.45	0.96	1	متوسط
.9	تعد مؤسستي الخطط البديلة من واقع خبرات ومعارف الإدارة .	3.39	0.98	3	متوسط
.10	تختار مؤسستي الخطط المناسبة التي تدعم مركزها التنافسي.	3.44	0.94	2	متوسط
10-6	المتغيرات البيئية	3.36	0.70	-	متوسط

يظهر من الجدول رقم(8) أن المتوسط العام لتصورات العاملين في المؤسسات العامة الأردنية للمتغيرات البيئية، جاءت بدرجة متوسطة، وبمتوسط حسابي بلغ (3.36)، وقد احتلت الفقرة رقم(8) (تحرص مؤسستي على تحقيق الميزة التنافسية الخاصة بها) المرتبة الأولى، بمتوسط حسابي بلغ (3.45)، في حين جاءت الفقرة رقم (7) (تحدد مؤسستي نقاط القوة والضعف لديها من خلال التحليل الاستراتيجي للبيئة الداخلية) في

المرتبة الأخيرة بين فقرات هذا البعد، بمتوسط حسابي بلغ(3.22)، كما يظهر من الجدول أن المتوسطات الحسابية لجميع فقرات هذا البعد جاءت بدرجة متوسطة. وتفسير ذلك أن التخطيط الاستراتيجي بكافة جوانبه التحليلية سواء أكانت للبيئة الداخلية أو الخارجية لم يعط الاهتمام الكافي في مؤسساتنا العامة الأردنية، بدليل أن التركيز على جوانبه جاءت بدرجة متوسطة.

3. استراتيجية التعلم

الجدول رقم(9)

المتوسطات الحسابية والانحرافات المعيارية لتصورات المبحوثين لاستراتيجية التعلم في المؤسسات العامة الأردنية.

المستوى حسب المتوسط	الترتيب حسب الأهمية	الانحراف المعياري	المتوسط الحسابي	محتوى الفقرة	رقم الفقرة
متوسط	4	0.96	3.15	تنظر مؤسستي إلى عملية التعلم والتدريب باعتبارها إحدى أولويات الأهداف المستقبلية	11.
متوسط	2	0.99	3.33	تقوم مؤسستي بوضع خطة محددة للتعلم وتدريب الأفراد فيها.	12.
متوسط	3	0.98	3.19	تنمي مؤسستي الشعور بأهمية التعلم والابتكار لدى العاملين فيها.	13.
متوسط	1	1.01	3.38	تركز عملية التدريب في مؤسستي على تنمية وتطوير الأفراد	14.
متوسط	-	0.63	3.26	استراتيجية التعلم	11- 14

يظهر من الجدول رقم(9) أن المتوسط العام لتصورات العاملين في المؤسسات العامة الأردنية لاستراتيجية التعلم، جاءت بدرجة متوسطة،

وبمتوسط حسابي بلغ (3.26)، وقد احتلت الفقرة رقم(14) (تركز عملية التدريب في مؤسستي على تنمية وتطوير الأفراد) المرتبة الأولى، بمتوسط حسابي بلغ (3.38)، في حين جاءت الفقرة رقم (11) (تنظر مؤسستي إلى عملية التعلم والتدريب باعتبارها إحدى أولويات الأهداف المستقبلية) في المرتبة الأخيرة بين فقرات هذا البعد، بمتوسط حسابي بلغ (3.15)، كما يظهر من الجدول أن المتوسطات الحسابية لجميع فقرات هذا البعد جاءت بدرجة متوسطة. وتفسير ذلك أن استراتيجية التعلم في مؤسساتنا العامة قد غابت، واكتفت المؤسسات بالتدريب الرسمي الذي تقدمه الحكومة للمؤسسات العامة عن طريق معهد التدريب الوطني، وهو تدريب على أمور روتينية قد لا تصل إلى الابتكار وتنمية الأفراد وتطويرهم.

ثانيا: البعد التنظيمي للتعلم التنظيمي

جدول رقم (10)

المتوسطات الحسابية والانحرافات المعيارية لتصورات المبحوثين للبعد التنظيمي للتعلم التنظيمي في المؤسسات العامة الأردنية.

تسلسل الفقرات	أسم البعد	المتوسط الحسابي	الانحراف المعياري	الترتيب	مستوى الفقرة وفقا للمتوسط الحسابي
19-15	العمل من خلال الفريق	3.39	0.72	1	متوسط
25-20	الهيكل التنظيمي المرن	3.16	0.69	3	متوسط
32-26	إيجاد المعرفة	3.32	0.75	2	متوسط
32-15	البعد التنظيمي للتعلم التنظيمي	3.29	0.59	-	متوسط

يبين الجدول رقم(10) أن المتوسطات الحسابية لتصورات المبحوثين على أبعاد البعد التنظيمي للتعلم التنظيمي في المؤسسات العامة الأردنية   (العمل من خلال الفريق، الهيكل التنظيمي المرن، إيجاد المعرفة)، جاءت بدرجة متوسطة، وبلغ المتوسط الكلي للبعد التنظيمي للتعلم التنظيمي في المؤسسات العامة الأردنية (3.29)، وقد احتل بعد العمل من خلال الفريق المرتبة الأولى، بمتوسط حسابي بلغ(3.39)، يلي ذلك بعد إيجاد المعرفة، بمتوسط حسابي بلغ(3.32)، في حين جاء في المرتبة الأخيرة بعد الهيكل التنظيمي المرن، بمتوسط حسابي بلغ(3.16).

وتفسير ذلك أنه لا يوجد ربط بين عملية التعلم التنظيمي وعناصر التنظيم كالهيكل والفريق وغيرها، وهذه العناصر لا تساعد في عملية التعلم لكونها غائبة في مؤسساتنا الأردنية، فعلى سبيل المثال الهياكل المرنة غير متوفرة بسبب ارتباط هذه المؤسسات بالوزارات والدوائر الحكومية والتي لا تتمتع أصلا بهياكل مرنة.

وفيما يلي عرض تفصيلي لتصورات المبحوثين للأبعاد المتضمنة للبعد التنظيمي للتعلم التنظيمي وهي كما يلي:

1. العمل من خلال الفريق

الجدول رقم(11)

المتوسطات الحسابية والانحرافات المعيارية لتصورات المبحوثين للعمل من خلال الفريق في المؤسسات العامة الأردنية.

رقم الفقرة	محتوى الفقرة	المتوسط الحسابي	الانحراف المعياري	الترتيب حسب الأهمية	المستوى حسب المتوسط
.15	تعتمد مؤسستي في التغيير والتطوير على فرق عمل مسؤولة.	3.46	0.99	1	متوسط
.16	تنشر مؤسستي فكرة فرق العمل في جميع أقسامها.	3.40	1.03	2	متوسط
.17	تشجع مؤسستي الحوار وتبادل الآراء والأفكار بين أعضاء الفريق	3.37	1.02	3	متوسط
.18	تقوم مؤسستي بنقل المعارف والمهارات الجديدة إلى جميع العاملين فيها.	3.33	0.97	5	متوسط
.19	تشجع مؤسستي الفرق لاستخدام شبكات المعلومات	3.37	0.98	4	متوسط
19-15	العمل من خلال الفريق	3.39	0.72	-	متوسط

يظهر من الجدول رقم(11) أن المتوسط العام لتصورات العاملين في المؤسسات العامة الأردنية للعمل من خلال الفريق، جاءت بدرجة متوسطة، وبمتوسط حسابي بلغ (3.39)، وقد احتلت الفقرة رقم (15) (تعتمد مؤسستي في التغيير والتطوير على فرق عمل مسؤولة) المرتبة الأولى ،بمتوسط حسابي بلغ (3.46)، في حين جاءت الفقرة رقم (18) (تقوم

مؤسستي بنقل المعارف والمهارات الجديدة إلى جميع العاملين فيها) في المرتبة الأخيرة بين فقرات هذا البعد؛ وبمتوسط حسابي بلغ (3.33)، كما يظهر من الجدول أن المتوسطات الحسابية لجميع فقرات هذا البعد جاءت بدرجة متوسطة.

2. الهيكل التنظيمي المرن

الجدول رقم(12)

المتوسطات الحسابية والانحرافات المعيارية لتصورات المبحوثين للهيكل التنظيمي المرن في المؤسسات العامة الأردنية.

رقم الفقرة	محتوى الفقرة	المتوسط الحسابي	الانحراف المعياري	الترتيب حسب الأهمية	المستوى حسب المتوسط
.20	تقوم مؤسستي باستخدام هياكل تنظيميه مرنة لتحقيق السرعة في اتخاذ القرارات	3.23	1.03	2	متوسط
.21	تستخدم مؤسستي هياكل تنظيميه مرنة تمكن أعضاء الفريق من الرقابة الذاتية على سلوكهم وسلوك بقية العاملين الآخرين.	3.12	0.93	4	متوسط
.22	تبتعد مؤسستي في هيكلها التنظيمي عن الروتين والبيرقراطية والإجراءات الرسمية	3.04	1.01	6	متوسط
.23	تبتعد مؤسستي عن المركزية للمحافظة على المرونة والقدرة على التحديث واغتنام الفرص	3.36	0.98	1	متوسط
.24	لا تتقيد مؤسستي بحرفية مواصفات العمل	3.05	0.97	5	متوسط
.25	تستخدم مؤسستي الهيكل التنظيمي المنبسط للتخفيف من عدد المستويات الإدارية	3.13	0.99	3	متوسط
25-20	الهيكل التنظيمي المرن	3.16	0.69	-	متوسط

يظهر من الجدول رقم(12) أن المتوسط العام لتصورات العاملين في المؤسسات العامة الأردنية للهيكل التنظيمي المرن، جاءت بدرجة متوسطة، وبمتوسط حسابي بلغ (3.16)، وقد احتلت الفقرة رقم(23) (تبتعد مؤسستي عن المركزية للمحافظة على المرونة والقدرة على التحديث واغتنام الفرص) المرتبة الأولى، بمتوسط حسابي بلغ (3.36)، في حين جاءت الفقرة رقم (22) (تبتعد مؤسستي في هيكلها التنظيمي عن الروتين والبيرقراطية والإجراءات الرسمية) في المرتبة الأخيرة بين فقرات هذا البعد، بمتوسط حسابي بلغ (3.04)، كما يظهر من الجدول أن المتوسطات الحسابية لجميع فقرات هذا البعد جاءت بدرجة متوسطة.

3. إيجاد المعرفة:

الجدول رقم(13)

المتوسطات الحسابية والانحرافات المعيارية لتصورات المبحوثين لإيجاد المعرفة في المؤسسات العامة الأردنية.

رقم الفقرة	محتوى الفقرة	المتوسط الحسابي	الانحراف المعياري	الترتيب حسب الأهمية	المستوى حسب المتوسط
.26	تشجع مؤسستي تنمية المعارف والمهارات في جميع إدارات التنظيم	3.38	0.93	3	متوسط
.27	تشجع مؤسستي نقل المعارف بين الأقسام المختلفة	3.36	1.01	4	متوسط
.28	تحاول مؤسستي الوصول إلى المعلومات المتعلقة برغبات المتعاملين معها مثل:- المستهلكين والمزودين والموزعين	3.25	0.98	5	متوسط
.29	تعتبر مؤسستي تقنيات الاتصالات إحدى الوسائل المهمة لنقل ومشاركة المعلومات	3.57	0.97	1	مرتفع
.30	تنظر مؤسستي إلى المعرفة المشتركة باعتبارها أساسا لنجاح التغيير الإستراتيجي	3.41	1.00	2	متوسط
.31	تحاول مؤسستي تخزين خبرات الأفراد ومعارفهم في قواعد البيانات لديها	3.16	1.02	6	متوسط
.32	تسهل مؤسستي وصول الأفراد للمعلومات الخاصة بإداراتها.	3.11	0.93	7	متوسط
32-26	إيجاد المعرفة	3.32	0.75	-	متوسط

يظهر من الجدول رقم(13) أن المتوسط العام لتصورات العاملين في المؤسسات العامة الأردنية لإيجاد المعرفة جاءت بدرجة متوسطة، وبمتوسط حسابي بلغ (3.32)، وقد احتلت الفقرة رقم(29) (تعتبر مؤسستي تقنيات الاتصالات إحدى الوسائل المهمة لنقل ومشاركة المعلومات) المرتبة الأولى بمتوسط حسابي بلغ (3.57)، في حين جاءت الفقرة رقم(32) (تسهل مؤسستي وصول الأفراد للمعلومات الخاصة بإداراتها) في المرتبة الأخيرة بين فقرات هذا البعد، بمتوسط حسابي بلغ (3.11)، كما يظهر من الجدول أن المتوسطات الحسابية لجميع فقرات هذا البعد جاءت بدرجة متوسطة.

ثالثا: البعد الثقافي للتعلم التنظيمي

جدول رقم (14)

المتوسطات الحسابية والانحرافات المعيارية لتصورات المبحوثين للبعد الثقافي للتعلم التنظيمي في المؤسسات العامة الأردنية.

تسلسل الفقرات	أسم البعد	المتوسط الحسابي	الانحراف المعياري	الترتيب	مستوى الفقرة وفقا للمتوسط الحسابي
33-38	التعلم من الأخطاء	3.14	0.65	3	متوسط
39-43	البيئة المساندة للتعلم	3.31	0.68	2	متوسط
44-47	الجودة الكلية للتعلم	3.49	0.71	1	متوسط
33-47	البعد الثقافي للتعلم التنظيمي	3.31	0.62	-	متوسط

يبين الجدول رقم(14) أن المتوسطات الحسابية لتصورات المبحوثين على أبعاد البعد الثقافي للتعلم التنظيمي في المؤسسات العامة الأردنية (التعلم من الأخطاء، البيئة المساندة للتعلم، الجودة الكلية للتعلم)، جاءت بدرجة متوسطة، وبلغ المتوسط الكلي للبعد الثقافي للتعلم التنظيمي في المؤسسات العامة الأردنية (3.31)، وقد احتل بعد الجودة الكلية للتعلم المرتبة الأولى، بمتوسط حسابي بلغ(3.49)، يلي ذلك بعد البيئة المساندة للتعلم، بمتوسط حسابي بلغ(3.31)، في حين جاء في المرتبة الأخيرة بعد التعلم من الأخطاء، بمتوسط حسابي بلغ(3.14).

وفيما يلي عرض تفصيلي لتصورات المبحوثين للأبعاد المتضمنة للبعد الثقافي للتعلم التنظيمي وهي كما يلي:

1. التعلم من الأخطاء:

الجدول رقم(15)

المتوسطات الحسابية والانحرافات المعيارية لتصورات المبحوثين للتعلم من الأخطاء في المؤسسات العامة الأردنية.

رقم الفقرة	محتوى الفقرة	المتوسط الحسابي	الانحراف المعياري	الترتيب حسب الأهمية	المستوى حسب المتوسط
.33	تقوم مؤسستي بتأمين بيئة تسمح بحرية التعبير عن الرأي وتقديم الاقتراحات	3.09	1.03	3	متوسط
.34	تشجع مؤسستي مناقشة أخطاء الأفراد ومواقف الفشل للتعرف على أسبابها وتعلم كيفية تجنبها في المستقبل	3.03	1.01	4	متوسط
.35	تكافئ مؤسستي الأفراد لما يقدمونه من أفكار جديدة مبتكرة	3.00	1.02	6	متوسط
.36	تشجع مؤسستي الأفراد بإعطاء التغذية المرتدة حول تقييم الإدارة لأخطائهم وتجاربهم السابقة	3.02	0.99	5	متوسط
.37	تؤمن مؤسستي المناخ المناسب الذي يجعل عملية التعلم تعم جميع أنحاء التنظيم	3.19	1.00	2	متوسط
.38	تدعم الإدارة العليا في مؤسستي عملية تعليم وتدريب الأفراد	3.50	0.96	1	مرتفع
38-33	التعلم من الأخطاء	3.14	0.65	-	متوسط

يظهر من الجدول رقم(15) أن المتوسط العام لتصورات العاملين في المؤسسات العامة الأردنية للتعلم من الأخطاء، جاءت بدرجة متوسطة، وبمتوسط حسابي بلغ (3.14)، وقد احتلت الفقرة رقم(38) (تدعم الإدارة

العليا في مؤسستي عملية تعليم وتدريب الأفراد) المرتبة الأولى، بمتوسط حسابي بلغ (3.50)، في حين جاءت الفقرة رقم(35) (تكافئ مؤسستي الأفراد لما يقدمونه من أفكار جديدة مبتكرة) في المرتبة الأخيرة بين فقرات هذا البعد، بمتوسط حسابي بلغ (3.00)، كما يظهر من الجدول أن المتوسطات الحسابية لجميع فقرات هذا البعد جاءت بدرجة متوسطة.

2. البيئة المساندة للتعلم:

الجدول رقم(16)

المتوسطات الحسابية والانحرافات المعيارية لتصورات المبحوثين للبيئة المساندة للتعلم في المؤسسات العامة الأردنية.

رقم الفقرة	محتوى الفقرة	المتوسط الحسابي	الانحراف المعياري	الترتيب حسب الأهمية	المستوى حسب المتوسط
39.	تحاول مؤسستي تمكين الأفراد بإعطائهم السلطة الكافية بما يتناسب و مسؤوليات عملهم	3.31	0.96	2	متوسط
40.	تركز مؤسستي على الاهتمام بالعمل والإنتاجية.	3.64	0.91	1	مرتفع
41.	تركزمؤسستيعلى الاهتمام بالأفراد وحاجاتهم.	3.30	1.05	3	متوسط
42.	تشارك مؤسستي الأفراد في اتخاذ القرارات التي يؤثرون ويتأثرون بنتائجها	3.11	0.99	5	متوسط
43.	تشجع مؤسستي الأفراد على العمل ورفع معنوياتهم	3.21	1.02	4	متوسط
39-43	البيئة المساندة للتعلم	3.31	0.68	-	متوسط

يظهر من الجدول رقم(16) أن المتوسط العام لتصورات العاملين في المؤسسات العامة الأردنية للبيئة المساندة للتعلم، جاءت بدرجة متوسطة، وبمتوسط حسابي بلغ (3.31)، وقد احتلت الفقرة رقم(40) (تركز مؤسستيعلى الاهتمام بالعمل والإنتاجية) المرتبة الأولى، بمتوسط حسابي بلغ (3.64)، في حين جاءت الفقرة رقم(42) (تشارك مؤسستي الأفراد في اتخاذ القرارات التي يؤثرون ويتأثرون بنتائجها) في المرتبة الأخيرة بين فقرات هذا البعد، بمتوسط حسابي بلغ (3.11)، كما يظهر من الجدول أن المتوسطات الحسابية لجميع فقرات هذا البعد جاءت بدرجة متوسطة.

3. الجودة الكلية للتعلم:

الجدول رقم(17)

المتوسطات الحسابية والانحرافات المعيارية لتصورات المبحوثين للجودة الكلية للتعلم في المؤسسات العامة الأردنية.

رقم الفقرة	محتوى الفقرة	المتوسط الحسابي	الانحراف المعياري	الترتيب حسب الأهمية	المستوى حسب المتوسط
.44	تركز مؤسستي على الجودة الكلية لبرامج التدريب والتعلم	3.39	1.00	4	متوسط
.45	تركز مؤسستي على اكتساب المعرفة التراكمية والمهارات الإضافية.	3.62	0.92	1	مرتفع
.46	تركز مؤسستي على أهمية نوعية المهارات والمعارف لدى الأفراد	3.49	0.99	2	متوسط
.47	تحاول مؤسستي جعل الأهداف النهائية لبرامج التعلم تركز على الجودة الكلية لمهارات العاملين لديها	3.45	1.03	3	متوسط
47-44	الجودة الكلية للتعلم	3.49	0.71	-	متوسط

يظهر من الجدول رقم(17) أن المتوسط العام لتصورات العاملين في المؤسسات العامة الأردنية للجودة الكلية للتعلم، جاءت بدرجة متوسطة، وبمتوسط حسابي بلغ (3.49)، وقد احتلت الفقرة رقم(45) (تركز مؤسستي على اكتساب المعرفة التراكمية والمهارات الإضافية) المرتبة الأولى، بمتوسط حسابي بلغ (3.62)، في حين جاءت الفقرة رقم(44) (تركز مؤسستي على الجودة الكلية لبرامج التدريب والتعلم) في المرتبة الأخيرة بين فقرات هذا البعد، بمتوسط حسابي بلغ (3.39)، كما يظهر من الجدول أن المتوسطات الحسابية لجميع فقرات هذا البعد جاءت بدرجة متوسطة.

السؤال الثاني: ما مستوى أداء العاملين في المؤسسات العامة الأردنية؟

الجدول رقم(18)

المتوسطات الحسابية والانحرافات المعيارية لمستوى أداء العاملين في المؤسسات العامة الأردنية.

المستوى حسب المتوسط	الترتيب حسب الأهمية	الانحراف المعياري	المتوسط الحسابي	محتوى الفقرة	رقم الفقرة
مرتفع	5	0.94	4.03	أتميـز بـأن عملـي في المؤسسة يتصف بالدقة.	48.
مرتفع	3	0.89	4.19	أعمل باستمرار على تنفيـذ التعليمـات والأنظمـة المتعلقة بعملي .	49.
مرتفع	1	0.93	4.31	أشعر بالسعادة حينما أؤدي عملي بدقة .	50.
مرتفع	7	1.04	3.98	أقيم نفسي باستمرار مـن خلال رضى المسؤولين عني وظيفيا	51.
مرتفع	4	0.95	4.12	أرغـب بالبحـث والتقصي عـن الأفكـار الجديـدة في مجال مهنتي.	52.
مرتفع	6	1.02	4.02	أتابع باستمرار مـا يواكب التطـور الحاصل في مجـال تخصصي الـوظيفي لغـرض تحسين أدائي.	53.
مرتفع	9	0.99	3.77	نادرا مـا أرتكب الأخطـاء أثنـاء أدائـي لعملـي في المؤسسة.	54.
مرتفع	2	0.97	4.26	علاقتـي بـزملائي في العمـل علاقة طيبة وحسنة.	55.
مرتفع	8	0.91	3.95	إن أدائي في المؤسسة التـي أعمل بها لا يختلف كثيرا عن المعايير الموضوعة.	56.
مرتفع	10	0.98	3.52	أطلـب دائمـا عمـلا" أو مسؤوليات إضافية علـى العمـل المطلـوب منـي للمؤسسة التي أعمل بها.	57.
مرتفع	-	0.70	4.02	المتوسط الكلي	57-48

يتبين من الجدول رقم (18) أن المتوسط العام لفقرات مستوى أداء العاملين في المؤسسات العامة الأردنية بلغ(4.02)، مما يبين على أن مستوى أداء العاملين في المؤسسات العامة الأردنية مرتفع، وقد احتلت الفقرة رقم(50) (أشعر بالسعادة حينما أؤدي عملي بدقة) المرتبة الأولى، بمتوسط حسابي بلغ(4.31)، في حين جاءت الفقرة رقم(57)، (أطلب دائما عملا" أو مسؤوليات إضافية على العمل المطلوب مني للمؤسسة التي أعمل بها)، في المرتبة الأخيرة بين فقرات هذا المتغير، بمتوسط حسابي بلغ(3.52)، وبالنظر إلى أبعاد فقرات هذا المتغير يتبين أن الفقرتين اللتين احتلتا المرتبتين الأولى والثانية، فيعبر محتواهما عن الشعور بالسعادة لتأدية العمل بدقة، وحسن وطيبة العلاقة مع الزملاء، أما الفقرتان اللتان احتلتا المرتبة الثالثة والرابعة فيعبر محتواهما عن العمل باستمرار على تنفيذ التعليمات والأنظمة المتعلقة بالعمل، والرغبة بالبحث والتقصي عن الأفكار الجديدة في مجال العمل، في حين احتلت المرتبة الأخيرة الفقرة "طلب عمل أو مسؤوليات إضافية على العمل المطلوب للمؤسسة "

السؤال الثالث: هل هنالك علاقة ارتباطية بين متغير الدراسة المستقل (التعلم التنظيمي) ، وكل بعد من أبعاده، والمتغير التابع(الأداء الوظيفي)؟

جدول رقم(19)

مصفوفة معاملات الارتباط بين التعلم التنظيمي والأداء الوظيفي لدى العاملين في المؤسسات العامة الأردنية .

المتغيرات المستقلة	معامل الارتباط	مستوى الدلالة
الرؤية المشتركة بين أعضاء التنظيم	*0.594	0.000
المتغيرات البيئية	*0.574	0.000
استراتيجية التعلم	*0.483	0.000
البعد الاستراتيجي للتعلم التنظيمي	*0.645	0.000
العمل من خلال الفريق	*0.666	0.000
الهيكل التنظيمي المرن	*0.618	0.000
إيجاد المعرفة	*0.681	0.000
البعد التنظيمي للتعلم التنظيمي	*0.717	0.000
التعلم من الأخطاء	*0.658	0.000
البيئة المساندة للتعلم	*0.655	0.000
الجودة الكلية للتعلم	*0.674	0.000
البعد الثقافي للتعلم التنظيمي	*0.708	0.000
التعلم التنظيمي	*0.735	0.000

* جميع قيم معاملات الارتباط ذات دلالة إحصائية عند مستوى الدلالة(α=0.01)

يوضح الجدول رقم(19) درجات العلاقة بين التعلم التنظيمي وكل بعد من أبعاده والمتغير التابع(الأداء الوظيفي) بصورة بعدية منفردة، وبصورة

كلية مجتمعة، حيث جاءت قيم معاملات الارتباط معنوية، وهذا يدل على مدى العلاقة القوية بين المتغير الكلي المستقل والمتغير الكلي التابع، حيث بلغت قوة العلاقة الارتباطية(0.735) ويستدل من هذه النتائج بأن للتعلم التنظيمي دورا هاما في الأداء الوظيفي، وترتبط معه بعلاقات ارتباط مرتفعة، على أساس بعدي منفرد، أو على أساس كلي مجتمع.

أما فيما يتعلق بقيم معاملات الارتباط بين المتغير المستقل(البعد الاستراتيجي للتعلم التنظيمي) والأداء الوظيفي، فقد بلغت قوة العلاقة الارتباطية(0.645)، وكانت أقوى هذه العلاقات هي العلاقة التي ربطت بين الرؤية المشتركة بين أعضاء التنظيم والأداء الوظيفي، حيث بلغت قوة هذه العلاقة الارتباطية(0.594) في حين كانت أضعف هذه العلاقات هي العلاقة التي ربطت المتغير المستقل(استراتيجية التعلم) في المتغير التابع(الأداء الوظيفي)، حيث بلغت قيمة هذه العلاقة الارتباطية(0.483).

وفيما يتعلق بقيم معاملات الارتباط بين المتغير المستقل(البعد التنظيمي للتعلم التنظيمي) والأداء الوظيفي، حيث بلغت قوة العلاقة الارتباطية (0.717)، وكانت أقوى هذه العلاقات هي العلاقة التي ربطت بين إيجاد المعرفة والأداء الوظيفي حيث بلغت قوة هذه العلاقة الارتباطية(0.681) في حين كانت أضعف هذه العلاقات هي العلاقة التي ربطت المتغير المستقل (الهيكل التنظيمي المرن) في المتغير التابع(الأداء الوظيفي)، حيث بلغت قيمة هذه العلاقة الارتباطية(0.618).

وفيما يتعلق بقيم معاملات الارتباط بين المتغير المستقل(البعد الثقافي للتعلم التنظيمي) والأداء الوظيفي، حيث بلغت قوة العلاقة الارتباطية (0.708)، وكانت أقوى هذه العلاقات هي العلاقة التي ربطت بين الجودة الكلية للتعلم والأداء الوظيفي، حيث بلغت قوة هذه العلاقة الارتباطية(0.674) في حين كانت أضعف هذه العلاقات هي العلاقة التي

ربطت المتغير المستقل(البيئة المساندة للتعلم) في المتغير التابع (الأداء الوظيفي)، حيث بلغت قيمة هذه العلاقة الارتباطية(0.655).

4. 2 اختبار الفرضيات:

قبل البدء في تطبيق تحليل الانحدار لاختبار فرضيات الدراسة، قام الباحث بإجراء بعض الاختبارات، وذلك من أجل ضمان ملاءمة البيانات لافتراضات تحليل الانحدار، وذلك على النحو التالي:

تم التأكد من عدم وجود ارتباط عال بين المتغيرات المستقلة (Multicollinearity) باستخدام اختبار معامل تضخم التباين، (Variance Inflation Factor)(VIF) واختبار التباين المسموح(Tolerance) لكل متغير من متغيرات الدراسة، مع مراعاة عدم تجاوز معامل تضخم التباين(VIF) للقيمة(10) وقيمة اختبار التباين المسموح (Tolerance) أكبر من(0.05) وتم أيضا التأكد من إتباع البيانات للتوزيع الطبيعي (Normal Distribution) باحتساب معامل الالتواء (Skewness)، مراعين أن البيانات تتبع التوزيع الطبيعي، إذا كانت قيمة معامل الالتواء تنحصر بين (1,-1). والجدول رقم(20) يبين نتائج هذه الاختبارات.

الجدول رقم(20)

اختبار معامل تضخم التباين والتباين المسموح ومعامل الالتواء

Skewness	Tolerance	VIF	المتغيرات المستقلة
0.437	0.403	3.482	الرؤية المشتركة بين أعضاء التنظيم
0.348	0.395	2.530	المتغيرات البيئية
0.289	0.706	2.416	استراتيجية التعلم
0.441	0.374	2.671	العمل من خلال الفريق
0.256	0.361	2.768	الهيكل التنظيمي المرن
0.306	0.297	3.363	إيجاد المعرفة
0.328	0.238	4.209	التعلم من الأخطاء
0.379	0.257	3.886	البيئة المساندة للتعلم
0.501	0.309	3.238	الجودة الكلية للتعلم

نلاحظ أن قيم اختبار معامل تضخم التباين(VIF) لجميع المتغيرات تقل عـن 10 ، وتتراوح بين(2.416 -4.209)، وأن قيم اختبار التباين المسموح (Tolerance) تراوحـت بين(0.238 -0.706)، وهي أكبر من(0.05) ويعد هذا مؤشرا علـى عـدم وجـود ارتبـاط عال بين المتغيرات المستقلة (Multicollinearity)، وقد تم التأكـد مـن البيانـات التـي تتبع التوزيع الطبيعي باحتساب معامل الالتواء(Skewness)، حيث كانـت القـيم أقـل من (1)، وسيتم التأكـد من صلاحية النموذج لكل فرضية منفرده .

جدول رقم (21)

نتائج تحليل التباين للانحدار(Analysis Of variance) للتأكد من صلاحية النموذج لاختبار فرضيات الدراسة.

المتغير المستقل	المصدر	معامل التحديد R^2	مجموع المربعات	متوسط المربعات	قيمة F المحسوبة	مستوى دلالة F
البعد الاستراتيجي للتعلم التنظيمي	الانحدار	0.418	281.438	93.813	*219.38	0.000
	الخطأ		391.283	0.428		
البعد التنظيمي للتعلم التنظيمي	الانحدار	0.52	349.584	116.528	*329.96	0.00
	الخطأ		323.136	0.353		
البعد الثقافي للتعلم التنظيمي	الانحدار	0.504	338.916	112.972	*309.67	0.000
	الخطأ		333.805	0.365		

* ذات دلالة إحصائية على مستوى دلالة (α =0.01)

يوضح الجدول رقم (21) صلاحية نموذج اختبار فرضيات الدراسة، ونظرا لارتفاع قيمة(F) المحسوبة عن قيمتها الجدولية على مستوى دلالة ($\alpha \geq 0.01$) ودرجات حرية(3، 915)، حيث إن البعد الاستراتيجي للتعلم التنظيمي(الرؤية المشتركة بين أعضاء التنظيم، المتغيرات البيئية، استراتيجية التعلم) تفسر(41.8%) من التباين في المتغير التابع(الأداء الوظيفي)، وأن البعد التنظيمي للتعلم التنظيمي(العمل من خلال الفريق، الهيكل التنظيمي المرن، إيجاد المعرفة) تفسر أيضا(52%) من التباين في المتغير التابع(الأداء الوظيفي)، وأن البعد الثقافي للتعلم التنظيمي(التعلم من الأخطاء، البيئة المساندة للتعلم، الجودة الكلية للتعلم)وتفسر أيضا (50.4%) من التباين في بعد(الأداء الوظيفي). وبناء على ذلك نستطيع اختبار فرضيات الدراسة على النحو التالي :

الفرضية الأولى: لا يوجد أثر هام ذو دلالة إحصائية للبعد الاستراتيجي للتعلم التنظيمي(الرؤية المشتركة بين أعضاء التنظيم، المتغيرات البيئية، استراتيجية التعلم) في الأداء الوظيفي في المؤسسات العامة الأردنية.

جدول رقم(22)

نتائج تحليل الانحدار المتعدد لاختبار أثر البعد الاستراتيجي للتعلم التنظيمي بأبعاده المختلفة في الأداء الوظيفي

مستوى دلالة t	قيمة t المحسوبة	Beta	الخطأ المعياري	B	البعد الاستراتيجي
0.000	8.031*	0.319	0.037	0.297	الرؤية المشتركة بين أعضاء التنظيم
0.000	5.597*	0.224	0.036	0.203	المتغيرات البيئية
0.000	6.900 *	0.207	0.027	0.190	استراتيجية التعلم

* ذات دلالة إحصائية على مستوى(α= 0.01)

يتضح من النتائج الإحصائية الواردة في الجدول رقم(22)، ومن متابعة قيم اختبار(t) أن البعد الاستراتيجي للتعلم التنظيمي(الرؤية المشتركة بين أعضاء التنظيم، المتغيرات البيئية، استراتيجية التعلم) لها تأثير في الأداء الوظيفي، حيث بلغت قيم(t) المحسوبة والبالغة(8.031، 5.597، 6.90) على التوالي، وهي قيم معنوية عند مستوى دلالة(α= 0.01).

ومما سبق يقتضي ما يلي: رفض الفرضية الصفرية التي تنص على أنه لا يوجد أثر هام بدلالة إحصائية للبعد الاستراتيجي للتعلم التنظيمي،(الرؤية المشتركة بين أعضاء التنظيم، المتغيرات البيئية، استراتيجية التعلم) في الأداء الوظيفي. وقبول الفرضية البديلة.

وعند إجراء تحليل الانحدار المتعدد التدريجي Stepwise Multiple Regression لتحديد أهمية كل متغير مستقل على حدة في المساهمة في النموذج الرياضي، الذي يمثل أثر البعد الاستراتيجي للتعلم التنظيمي(الرؤية المشتركة بين أعضاء التنظيم، المتغيرات البيئية، استراتيجية التعلم) في الأداء الوظيفي، يتضح من الجدول رقم(23) والذي يبين ترتيب دخول المتغيرات المستقلة في معادلة الانحدار، فإن الرؤية المشتركة بين أعضاء التنظيم قد احتلت المرتبة الأولى، وفسرت ما مقداره(35.3%) من التباين في المتغير التابع، تلاه متغير استراتيجية التعلم، وفسر مع متغير الرؤية المشتركة بين أعضاء التنظيم(39.8%) من التباين في المتغير التابع، ودخل أخيرا متغير المتغيرات البيئية، حيث فسر مع المتغيرات السابقة ما مقداره (41.8%) من التباين في الأداء الوظيفي كمتغير تابع.

جدول (23)

نتائج تحليل الانحدار المتعدد التدريجي " Stepwise Multiple Regression"

للتنبؤ بالأداء الوظيفي من خلال البعد الاستراتيجي للتعلم التنظيمي(الرؤية المشتركة بين أعضاء التنظيم، المتغيرات البيئية، استراتيجية التعلم) كمتغيرات مستقلة

مستوى دلالة T*	قيمة T المحسوبة*	قيمة R^2 معامل التحديد التراكمي	ترتيب دخول العناصر المستقلة في معادلة التنبؤ
0.000	8.03*	0.353	الرؤيـة المشـتركة بـين أعضاء التنظيم
0.000	6.90*	0.398	استراتيجية التعلم
0.000	5.60 *	0.418	المتغيرات البيئية

* ذات دلالة إحصائية على مستوى(α =0.01)

الفرضية الثانية: لا يوجد أثر هام ذو دلالة إحصائية للبعد التنظيمي للتعلم التنظيمي(العمل من خلال الفريق، الهيكل التنظيمي المرن، إيجاد المعرفة) في الأداء الوظيفي في المؤسسات العامة الأردنية.

جدول رقم(24)

نتائج تحليل الانحدار المتعدد لاختبار أثر البعد التنظيمي للتعلم التنظيمي بإبعاده المختلفة في الأداء الوظيفي

مستوى دلالة t	قيمة t المحسوبة	Beta	الخطأ المعياري	B	البعد التنظيمي
0.000	8.329*	0.312	0.033	0.276	العمل من خلال الفريق
0.001	3.487*	0.133	0.037	0.129	الهيكل التنظيمي المرن
0.000	8.025 *	0.337	0.039	0.310	إيجاد المعرفة

* ذات دلالة إحصائية على مستوى(0.01 =α)

يتضح من النتائج الإحصائية الواردة في الجدول رقم(24)، ومن متابعة قيم اختبار(t) أن البعد التنظيمي للتعلم التنظيمي(العمل من خلال الفريق، الهيكل التنظيمي المرن، إيجاد المعرفة) لها تأثير في الأداء الوظيفي، حيث بلغت قيم(t) المحسوبة والبالغة(8.329، 3.487، 8.025) على التوالي، وهي قيم معنوية عند مستوى دلالة (0.01 =α).

ومما سبق يقتضي ما يلي: رفض الفرضية الصفرية التي تنص على أنه لا يوجد أثر هام بدلالة إحصائية للبعد التنظيمي للتعلم التنظيمي،(العمل من خلال الفريق، الهيكل التنظيمي المرن، إيجاد المعرفة) في الأداء الوظيفي. وقبول الفرضية البديلة.

وعند إجراء تحليل الانحدار المتعدد التدريجي Stepwise Multiple Regression لتحديد أهمية كل متغير مستقل على حدة في المساهمة في

النموذج الرياضي، الذي يمثل أثر البعد التنظيمي للتعلم التنظيمي(العمل من خلال الفريق، الهيكل التنظيمي المرن، إيجاد المعرفة) في الأداء الوظيفي، يتضح من الجدول رقم (25) والذي يبين ترتيب دخول المتغيرات المستقلة في معادلة الانحدار، فإن إيجاد المعرفة قد احتلت المرتبة الأولى، وفسرت ما مقداره(46.4%) من التباين في المتغير التابع، تلاه متغير العمل من خلال الفريق وفسر مع متغير إيجاد المعرفة(51.3%) من التباين في المتغير التابع، ودخل أخيرا متغير الهيكل التنظيمي المرن، حيث فسر مع المتغيرات السابقة ما مقداره(52%) من التباين في الأداء الوظيفي كمتغير تابع.

جدول (25)
نتائج تحليل الانحدار المتعدد التدريجي "Stepwise Multiple Regression"
للتنبؤ بالأداء الوظيفي من خلال البعد التنظيمي للتعلم التنظيمي(العمل من خلال الفريق، الهيكل التنظيمي المرن، إيجاد المعرفة) كمتغيرات مستقلة

مستوى دلالة T*	قيمة T المحسوبة*	قيمة R^2 معامل التحديد التراكمي	ترتيب دخول العناصر المستقلة في معادلة التنبؤ
0.000	8.025*	0.464	إيجاد المعرفة
0.000	8.329*	0.513	العمل من خلال الفريق
0.001	3.487 *	0.520	الهيكل التنظيمي المرن

* ذات دلالة إحصائية على مستوى (α = 0.05)

الفرضية الثالثة: لا يوجد أثر هام ذو دلالة إحصائية للبعد الثقافي للتعلم التنظيمي(التعلم من الأخطاء، البيئة المساندة للتعلم، الجودة الكلية للتعلم) في الأداء الوظيفي في المؤسسات العامة الأردنية.

جدول رقم(26)

نتائج تحليل الانحدار المتعدد لاختبار أثر البعد الثقافي للتعلم التنظيمي بأبعاده المختلفة في الأداء الوظيفي

مستوى دلالة t	قيمةt المحسوبة	Beta	الخطأ المعياري	B	البعد الثقافي
0.000	4.112*	0.196	0.041	0.168	التعلم من الأخطاء
0.000	4.819*	0.221	0.049	0.237	البيئة المساندة للتعلم
0.000	8.137 *	0.341	0.037	0.299	الجودة الكلية للتعلم

* ذات دلالة إحصائية على مستوى(α =0.01)

يتضح من النتائج الإحصائية الواردة في الجدول رقم(26)، ومن متابعة قيم اختبار(t) أن البعد الثقافي للتعلم التنظيمي(التعلم من الأخطاء، البيئة المساندة للتعلم، الجودة الكلية للتعلم)، لها تأثير في الأداء الوظيفي، حيث بلغت قيم(t) المحسوبة والبالغة(4.112، 4.819، 8.137) على التوالي، وهي قيم معنوية عند ستوى دلالة

(α= 0.01).

ومما سبق يقتضي ما يلي: رفض الفرضية الصفرية التي تنص على أنه لا يوجد أثر هام بدلالة إحصائية للبعد الثقافي للتعلم التنظيمي(التعلم من الأخطاء، البيئة المساندة للتعلم، الجودة الكلية للتعلم) في الأداء الوظيفي. وقبول الفرضية البديلة.

وعند إجراء تحليل الانحدار المتعدد التدريجي Stepwise Multiple Regression لتحديد أهمية كل متغير مستقل على حدة في المساهمة في النموذج الرياضي، الذي يمثل أثر البعد الثقافي للتعلم التنظيمي(التعلم من الأخطاء، البيئة المساندة للتعلم، الجودة الكلية للتعلم) في الأداء الوظيفي، يتضح من الجدول رقم(27) والذي يبين ترتيب دخول المتغيرات المستقلة في معادلة الانحدار، إن الجودة الكلية للتعلم قد احتلت المرتبة الأولى، وفسرت ما مقداره(45.4%) من التباين في المتغير التابع، تلاه متغير البيئة المساندة للتعلم، وفسر مع متغير الجودة الكلية للتعلم (49.5%) من التباين في المتغير التابع، ودخل أخيرا متغير التعلم من الأخطاء، حيث فسر مع المتغيرات السابقة ما مقداره(50.4%) من التباين في الأداء الوظيفي كمتغير تابع.

جدول (27)

نتائج تحليل الانحدار المتعدد التدريجي "Stepwise Multiple Regression" للتنبؤ بالأداء الوظيفي من خلال البعد الثقافي للتعلم التنظيمي(التعلم من الأخطاء، البيئة المساندة للتعلم، الجودة الكلية للتعلم) كمتغيرات مستقلة

مستوى دلالة T*	قيمة T المحسوبة*	قيمة R^2 معامل التحديد التراكمي	ترتيب دخول العناصر المستقلة في معادلة التنبؤ
0.000	8.137*	0.454	الجودة الكلية للتعلم
0.000	4.819*	0.495	البيئة المساندة للتعلم
0.000	4.112 *	0.504	التعلم من الأخطاء

* ذات دلالة إحصائية على مستوى(α =0.01)

الفرضية الرابعة: لا توجد فروق ذات دلالة إحصائية في تصورات المبحوثين نحو (درجة ممارسة التعلم التنظيمي) تعزى للمتغيرات الديموغرافية (النوع الاجتماعي، العمر، المؤهل العلمي، الخبرة، المسمى الوظيفي).

الجدول رقم (28)

تحليل التباين لتصورات المبحوثين نحو(درجة ممارسة التعلم التنظيمي) في المؤسسات العامة الأردنية تعزى للمتغيرات الديموغرافية

المتغير المستقل	مصدر التباين	درجات الحرية	مجموع المربعات	متوسط المربعات	قيمة(F)	مستوى الدلالة
المؤهـــل العلمي	بين المجموعات داخل المجموعات	(3، 915)	27.971 539.989	9.324 0.590	15.80*	0.000
العمر	بين المجموعات داخل المجموعات	(3، 915)	10.790 557.169	3.597 0.609	5.91*	0.001
الخبرة	بين المجموعات داخل المجموعات	(3، 915)	14.310 553.649	4.770 0.605	7.88*	0.000

* ذات دلالة إحصائية على مستوى (0.01 = α)

أولا: الفروقات في تصورات المبحوثين لدرجة ممارسة التعلم التنظيمـي تبعـا لمتغـير العمر

أشارت النتائج الإحصائية في الجدول رقم (28) أن هنالك فروقا" ذات دلالة إحصائية لتصورات المبحوثين لدرجة ممارسة التعلم التنظيمي تعزى لمتغير العمر، بدليل ارتفاع قيمة(Fالمحسوبة، حيث بلغت(F=5.91)، ومستوى الدلالة(α =0.001)، مما يقتضي رفض الفرضية العدمية فيما يتعلق بهذا المتغير. ويعزز ذلك نتائج اختبار شيفيه للمقارنات البعدية، حيث يبين الجدول(29) أدناه أن هنالك مصادر فروق بين متوسطات إجابات المبحوثين ذوي الأعمار(أقل من 30سنة) ،ومتوسط الفئة الرابعة (47 سنة فأكثر)،

حيث بلغ متوسط الفئة الأولى(25 سنة فأقل) (3.16)، أما متوسط الفئة الرابعة(47 سنة فأكثر) فقد بلغ(3.53) ولصالح المبحوثين ذوي الأعمار (47 سنة فأكثر)، وكانت هنالك مصادر فروق بين متوسطات إجابات المبحوثين ذوي الأعمار(26-35 سنة)، ومتوسط الفئة الرابعة(47 سنة فأكثر)، حيث بلغ متوسط الفئة الثانية(26-35 سنة)، (3.19)، أما متوسط الفئة الرابعة(47 سنة فأكثر)، فقد بلغ (3.53) ولصالح المبحوثين ذوي الأعمار(47 سنة فأكثر). وكانت هنالك مصادر فروق بين متوسطات إجابات المبحوثين ذوي الأعمار(36-46 سنة)، ومتوسط الفئة الرابعة(47 سنة فأكثر)، حيث بلغ متوسط الفئة الثالثة(36-46 سنة)،(3.25)، أما متوسط الفئة الرابعة(47 سنة فأكثر)، فقد بلغ(3.53)، ولصالح المبحوثين ذوي الأعمار(47 سنة فأكثر) . وهذا يدل على أنه كلما تقدم الإنسان في العمر أصبح أكثر ميلا لممارسة التعلم التنظيمي، فأصحاب الأعمار المتقدمة كانوا أكثر تصورا لدرجة ممارسة التعلم التنظيمي في المؤسسات العامة الأردنية.

الجدول رقم (29)

نتائج تحليل اختبار شيفيه للمقارنات البعدية بين المتوسطات الحسابية لتصورات المبحوثين على درجة ممارسة التعلم التنظيمي تبعا لمتغيرالمؤهل العلمي

47 سنة فأكثر	46-36 سنة	35-26 سنة	25 سنة فأقل	المتوسط الحسابي	فئات العمر
*0.37	-	-	-	3.16	25 سنة فأقل
*0.34	-	-	-	3.19	35-26 سنة
*0.28	-	-	-	3.25	46-36 سنة
-	-	-	-	3.53	47 سنة فأكثر

* ذات دلالة إحصائية على مستوى (α = 0.05)

ثانيا: الفروقات في تصورات المبحوثين لدرجة ممارسة التعلم التنظيمي تبعا لمتغير المؤهل العلمي

أشارت النتائج الإحصائية في الجدول رقم (28)، أن هنالك فروقا" ذات دلالة إحصائية لتصورات المبحوثين لدرجة ممارسة التعلم التنظيمي تعْزى لمتغير المؤهل العلمي، بدليل ارتفاع قيمة(F) المحسوبة، حيث بلغت(F=15.80)، ومستوى الدلالة (α =0.000)، مما يقتضي رفض الفرضية العدمية فيما يتعلق بهذا المتغير. ويعزز ذلك نتائج اختبار شيفيه للمقارنات البعدية، حيث يبين الجدول(30) أن هنالك مصادر فروق بين متوسطات إجابات المبحوثين ذوي المؤهل العلمي(الدراسات العليا) ومتوسط الفئة الأولى(ثانوية عامة فما دون)، حيث بلغ متوسط الفئة الرابعة(دراسات عليا)(3.87)، أما متوسط الفئة الأولى(ثانوية عامة فما دون) فقد بلغ(3.15)، ولصالح المبحوثين ذوي المؤهل العلمي دراسات عليا، ويبين الجدول أن هنالك مصادر فروق بين متوسطات إجابات المبحوثين ذوي المؤهل العلمي(الدراسات العليا) ومتوسط الفئة الاولى ثانويه عامه فما دون حيث بلغ متوسط الفئة الرابعة(دراسات عليا)(3.87)، أما متوسط الفئة الثانية(دبلوم متوسط)، فقد بلغ(3.19)، ولصالح المبحوثين ذوي المؤهل العلمي دراسات عليا. ويبين الجدول أيضا أن هنالك مصادر فروق بين متوسطات إجابات المبحوثين ذوي المؤهل العلمي(الدراسات العليا)، ومتوسط الفئة الثالثة(بكالوريوس)، حيث بلغ متوسط الفئة الرابعة(دراسات عليا)(3.87)، أما متوسط الفئة الثالثة(بكالوريوس)، فقد بلغ(3.25)، ولصالح المبحوثين ذوي المؤهل العلمي دراسات عليا.

وتدل النتائج أعلاه أنه كلما ارتفع المؤهل العلمي للمبحوثين كانت تصوراتهم أعلى لدرجة ممارسة التعلم التنظيمي، وعليه فأنه يجب الاهتمام بالمؤهلات العلمية في المؤسسات الأردنية، وذلك لما له من أثر إيجابي في درجة ممارسة التعلم التنظيمي.

الجدول رقم (30)

نتائج تحليل اختبار شيفيه للمقارنات البعدية بين المتوسطات الحسابية لتصورات المبحوثين على درجة ممارسة التعلم التنظيمي حسب متغير المؤهل العلمي

فئات المؤهل العلمي	المتوسط الحسابي	ثانوية عامة فما دون	دبلوم متوسط	بكالوريوس	دراسات عليا
ثانوية عامة فما دون	3.15	-	-	-	*0.72
دبلوم متوسط	3.19	-	-	-	*0.68
بكالوريوس	3.24	-	-	-	*0.63
دراسات عليا	3.87	-	-	-	-

□ ذات دلالة إحصائية على مستوى (α = 0.05)

ثالثا: الفروقات في تصورات المبحوثين لدرجة ممارسة التعلم التنظيمي تبعا لمتغير الخبرة

أشارت النتائج الإحصائية في الجدول رقم(28) أن هنالك فروقا" ذات دلالة إحصائية لتصورات المبحوثين لدرجة ممارسة التعلم التنظيمي، تعزى لمتغير الخبرة، بدليل ارتفاع قيمة(F) المحسوبة، حيث بلغت(F=7.88)، ومستوى الدلالة (0.000= α)، مما يقتضي رفض الفرضية العدمية فيما يتعلق بهذا المتغير. ويعزز ذلك نتائج اختبار شيفيه للمقارنات البعدية، حيث يبين الجدول(31) أن هنالك مصادر فروق بين متوسطات إجابات

المبحوثين ذوي سنوات الخبرة (16 سنة فأكثر)، ومتوسط الفئة الأولى(5سنوات فأقل)، حيث بلغ متوسط الفئة الرابعة(16 سنة فأكثر) (3.39)، أما متوسط الفئة الأولى(5سنوات فأقل)، فقد بلغ (3.10) ولصالح المبحوثين ذوي سنوات الخبرة(16 سنة فأكثر)، وأن هنالك مصادر فروق بين متوسطات إجابات المبحوثين ذوي سنوات الخبرة(16 سنة فأكثر)، ومتوسط الفئة الثانية(6-10 سنوات)، حيث بلغ متوسط الفئة الرابعة(16 سنة فأكثر) (3.39)، أما متوسط الفئة الثانية(6-10 سنوات)، فقد بلغ(3.14)، ولصالح المبحوثين ذوي سنوات الخبرة(16 سنة فأكثر). وكانت هنالك مصادر فروق بين متوسطات إجابات المبحوثين ذوي سنوات الخبرة(11-15 سنة)، ومتوسط الفئة الأولى(5سنوات فأقل) حيث بلغ متوسط الفئة الثالثة(11-15 سنة) (3.34)، أما متوسط الفئة الأولى(5سنوات فأقل)، فقد بلغ(3.10)، ولصالح المبحوثين ذوي سنوات الخبرة(11-15 سنة).

وتشير النتائج أنه كلما زادت خبرة الشخص العملية زادت تصوراته لدرجة ممارسة التعلم التنظيمي، وهذا يعني أن على المؤسسات العامة الأردنية الاهتمام بأصحاب الخبرات القليلة وتوعيتهم لممارسة التعلم التنظيمي

الجدول رقم (31)

نتائج تحليل اختبار شيفيه للمقارنات البعدية بين المتوسطات الحسابية

لتصورات المبحوثين على درجة ممارسة التعلم التنظيمي حسب متغير سنوات الخبرة

16 سنة فأكثر	15-11 سنة	10-6 سنوات	5سنوات فأقل	المتوسط الحسابي	فئات سنوات الخبرة
0.29*	0.24*	-	-	3.10	5سنوات فأقل
0.25*	-	-	-	3.14	6-10 سنوات
-	-	-	-	3.34	11-15 سنة
-	-	-	-	3.39	16 سنة فأكثر

* ذات دلالة إحصائية على مستوى (0.05 = α)

رابعا: الفروقات في تصورات المبحوثين لدرجة ممارسة التعلم التنظيمي تبعا لمتغير المسمى الوظيفي

أشارت النتائج الإحصائية في الجدول رقم (28) أنه لا توجد هنالك فروقا" ذات دلالة إحصائية لتصورات المبحوثين لدرجة ممارسة التعلم التنظيمي تعزى لمتغير المسمى الوظيفي، بدليل انخفاض قيمة(t) المحسوبة، حيث بلغت (F=0.71)، ومستوى الدلالة(α =0.48)، مما يقتضي- قبول الفرضية العدمية فيما يتعلق بهذا المتغير.

الجدول رقم (32)

نتائج تحليل اختبار(t) لتصورات المبحوثين على درجة ممارسة التعلم التنظيمي تبعا لمتغير المسمى الوظيفي.

مستوى الدلالة	قيمة t المحسوبة	الانحراف المعياري	الوسط الحسابي	العدد	النوع الاجتماعي	المتغير
0.48	0.71*	0.89	3.32	55	مدير	المسمى الوظيفي
		0.84	3.24	864	موظف	

* غير دالة على مستوى (0.05 = α)

خامسا: الفروقات في تصورات المبحوثين لدرجة ممارسة التعلم التنظيمي تبعا للنوع الاجتماعي:

تشير المعطيات الإحصائية في الجدول رقم(33) إلى أنه يوجد فروقات ذات دلالة إحصائية لتصورات المبحوثين نحو(درجة ممارسة التعلم التنظيمي) تعزى لمتغير النوع الاجتماعي، وذلك بسبب ارتفاع قيم(t) المحسوبة، وهي النوع الاجتماعي(t =4.19)، مما يقتضي رفض الفرضية، والتي تنص على أنه لا توجد فروق ذات دلاله إحصائية في تصورات المبحوثين نحو(درجة ممارسة التعلم التنظيمي) تعزى لمتغير النوع الاجتماعي.

ويبين الجدول رقم(33) أن الفروق بالنسبة للنوع الاجتماعي كانت لصالح الذكور، بدليل ارتفاع متوسطهم الحسابي، حيث بلغ متوسط إجابة الذكور(3.31)، ومتوسط إجابة الإناث(3.07).

الجدول رقم (33)

نتائج تحليل اختبار(t) لتصورات المبحوثين على درجة ممارسة التعلم التنظيمي تبعا لمتغير النوع الاجتماعي.

المتغير	النوع الاجتماعي	العدد	الوسط الحسابي	الانحراف المعياري	قيمة t المحسوبة	مستوى الدلالة
النـــوع الاجتماعي	ذكر	670	3.31	0.82	*4.19	0.000
	أنثى	249	3.07	0.65		

* ذات دلالة إحصائية على مستوى (α = 0.01)

الفرضية الخامسة: لا توجد فروق ذات دلالة إحصائية في تصورات المبحوثين نحو(الأداء الوظيفي)، تعزى للمتغيرات الديموغرافية(النوع الاجتماعي، العمر، المؤهل العلمي، الخبرة، المسمى الوظيفي).

الجدول رقم (34)

تحليل التباين لتصورات المبحوثين نحو(الأداء الوظيفي) في المؤسسات العامة الأردنية تعزى للمتغيرات الديموغرافية

المتغير المستقل	مصدر التباين	درجات الحرية	مجموع المربعات	متوسط المربعات	قيمة(F)	مستوى الدلالة
المؤهل العلمي	بين المجموعات داخل المجموعات	(3، 915)	7.150 442.844	2.383 0.484	*4.92	0.002
العمر	بين المجموعات داخل المجموعات	(3، 915)	9.500 440.493	3.167 0.481	6.587*	0.000
الخبرة	بين المجموعات داخل المجموعات	(3، 915)	9.973 440.021	3.324 0.481	6.913*	0.000

* ذات دلالة إحصائية على مستوى (α = 0.01)

أولا: الفروقات في تصورات المبحوثين للأداء الوظيفي تبعا لمتغير العمر

أشارت النتائج الإحصائية في الجدول رقم (34) أن هنالك فروقا" ذات دلالة إحصائية لتصورات المبحوثين للأداء الوظيفي، تعزى لمتغير العمر، بدليل ارتفاع قيمة(F) المحسوبة، حيث بلغت (F=6.587)، ومستوى الدلالة(α =0.000)، مما يقتضي رفض الفرضية العدمية فيما يتعلق بهذا المتغير. ويعزز ذلك نتائج اختبار شفيه للمقارنات البعدية، حيث يبين الجدول(35) أن هنالك مصادر فروق بين متوسطات إجابات المبحوثين ذوي الأعمار(أقل من 30سنة)، ومتوسط الفئة الرابعة(47 سنة فأكثر)، حيث بلغ متوسط الفئة الأولى(25 سنة فأقل) (3.79)، أما متوسط الفئة الرابعة(47

سنة فأكثر) فقد بلغ(4.18)، ولصالح المبحوثين ذوي الأعمار(47 سنة فأكثر)، وكانت هنالك مصادر فروق بين متوسطات إجابات المبحوثين ذوي الأعمار(36-46 سنة)، ومتوسط الفئة الأولى(25 سنة فأقل)، حيث بلغ متوسط الفئة الثالثة(36-46 سنة) (4.07)، أما متوسط الفئة الأولى(25 سنة فأقل) فقد بلغ(3.79) ولصالح المبحوثين ذوي الأعمار(36-46 سنة).

الجدول رقم (35)

نتائج تحليل اختبار شيفيه للمقارنات البعدية بين المتوسطات الحسابية لتصورات المبحوثين للأداء الوظيفي تبعا لمتغير العمر

فئات العمر	المتوسط الحسابي	25 سنة فأقل	26-35 سنة	36-46 سنة	47 سنة فأكثر
25 سنة فأقل	3.79	-	-	*0.28	*0.39
26-35 سنة	3.99	-	-	-	-
36-46 سنة	4.07	-	-	-	-
47 سنة فأكثر	4.18	-	-	-	-

* ذات دلالة إحصائية على مستوى ($\alpha = 0.05$)

ثانيا: الفروقات في تصورات المبحوثين للأداء الوظيفي تبعا لمتغير المؤهل العلمي

أشارت النتائج الإحصائية في الجدول رقم (34) أن هنالك فروقا" ذات دلالة إحصائية لتصورات المبحوثين للأداء الوظيفي، تعزى لمتغير المؤهل العلمي، بدليل ارتفاع قيمة(F) المحسوبة، حيث بلغت(F=4.92)، ومستوى الدلالة(α =0.002)، مما يقتضي رفض الفرضية العدمية فيما يتعلق بهذا المتغير. ويعزز ذلك نتائج اختبار شفيه للمقارنات البعدية حيث يبين الجدول(36) أن هنالك مصادر فروق بين متوسطات إجابات المبحوثين ذوي المؤهل العلمي(الدراسات العليا)، ومتوسط الفئة الأولى(ثانوية عامة فما دون) حيث بلغ متوسط الفئة الرابعة(دراسات عليا)(4.33)، أما متوسط الفئة الأولى(ثانوية عامة فما دون)، فقد بلغ(3.98)، ولصالح المبحوثين ذوي المؤهل العلمي دراسات عليا، ويبين الجدول أن هنالك مصادر فروق بين متوسطات إجابات المبحوثين ذوي المؤهل العلمي(الدراسات العليا) ومتوسط الفئة الثانية(دبلوم متوسط)،

حيث بلغ متوسط الفئة الرابعة(دراسات عليا)(4.33)، أما متوسط الفئة الثانية(دبلوم متوسط) فقد بلغ(3.99) ولصالح المبحوثين ذوي المؤهل العلمي دراسات عليا. ويبين الجدول أيضا أن هنالك مصادر فروق بين متوسطات إجابات المبحوثين ذوي المؤهل العلمي(الدراسات العليا) ومتوسط الفئة الثالثة(بكالوريوس)، حيث بلغ متوسط الفئة الرابعة(دراسات عليا)(4.33)، أما متوسط الفئة الثالثة(بكالوريوس)، فقد بلغ(4.01)، ولصالح المبحوثين ذوي المؤهل العلمي دراسات عليا.

الجدول رقم (36)

نتائج تحليل اختبار شيفيه للمقارنات البعدية بين المتوسطات الحسابية لتصورات المبحوثين للأداء الوظيفي حسب متغير المؤهل العلمي

فئات المؤهل العلمي	المتوسط الحسابي	ثانوية عامة فما دون	دبلوم متوسط	بكالوريوس	دراسات عليا
ثانوية عامة فما دون	3.98	-	-	-	*0.35
دبلوم متوسط	3.99	-	-	-	*0.34
بكالوريوس	4.01	-	-	-	*0.32
دراسات عليا	4.33	-	-	-	-

* ذات دلالة إحصائية على مستوى ($\alpha = 0.05$)

ثالثا: الفروقات في تصورات المبحوثين للأداء الوظيفي تبعا لمتغير الخبرة

أشارت النتائج الإحصائية في الجدول رقم(34) أن هنالك فروقا" ذات دلالة إحصائية لتصورات المبحوثين للأداء الوظيفي تعزى لمتغير الخبرة، بدليل ارتفاع قيمة(F) المحسوبة، حيث بلغت(F=6.913)، ومستوى الدلالة($\alpha = 0.000$)، مما يقتضي ـ رفض الفرضية العدمية فيما يتعلق بهذا المتغير. ويعزز ذلك نتائج اختبار شفيه للمقارنات البعدية حيث يبين الجدول(37) أن هنالك مصادر فروق بين متوسطات إجابات المبحوثين ذوي سنوات الخبرة(16 سنة فأكثر) ومتوسط الفئة الأولى(5سنوات فأقل)، حيث بلغ متوسط الفئة الرابعة(16 سنة فأكثر) (4.15)، أما متوسط الفئة الأولى(5سنوات فأقل) فقد بلغ(3.88) ولصالح المبحوثين ذوي سنوات الخبرة(16 سنة فأكثر)، وأن هنالك مصادر فروق بين متوسطات إجابات المبحوثين ذوي سنوات الخبرة(16 سنة فأكثر) ومتوسط الفئة الثانية(6-10 سنوات)، حيث بلغ متوسط الفئة الرابعة(16 سنة فأكثر) (4.15)، أما متوسط الفئة الثانية(6-10 سنوات)، فقد بلغ(3.96) ولصالح المبحوثين ذوي سنوات الخبرة (16 سنة فأكثر).

الجدول رقم (37)

نتائج تحليل اختبار شيفه للمقارنات البعدية بين المتوسطات الحسابية لتصورات المبحوثين للأداء الوظيفي حسب متغير سنوات الخبرة

16 سنة فأكثر	15-11 سنة	10-6 سنوات	5سنوات فأقل	المتوسط الحسابي	فئات سنوات الخبرة
0.27*	-	-	-	3.88	5سنوات فأقل
0.19*	-	-	-	3.96	10-6 سنوات
-	-	-	-	4.01	15-11 سنة
-	-	-	-	4.15	16 سنة فأكثر

* ذات دلالة إحصائية على مستوى ($\alpha = 0.05$)

رابعا: الفروقات في تصورات المبحوثين للأداء الوظيفي تبعا لمتغير المسمى الوظيفي

أشارت النتائج الإحصائية في الجدول (37) إلى أنه لا توجد فروق ذات دلالة إحصائية لتصورات المبحوثين للأداء الوظيفي، تعزى لمتغير المسمى الوظيفي، بدليل انخفاض قيمة(t) المحسوبة، حيث بلغت (t=0.84)، ومستوى الدلالة(α =0.39)، مما يقتضي قبول الفرضية العدمية فيما يتعلق بهذا المتغير.

الجدول رقم (38)

نتائج تحليل اختبار(t) لتصورات المبحوثين نحو(الأداء الوظيفي) تبعا لمتغير المسمى الوظيفي.

المتغير	النوع الاجتماعي	العدد	الوسط الحسابي	الانحراف المعياري	قيمة t المحسوبة	مستوى الدلالة
المسمى الوظيفي	مدير	55	4.09	0.84	*0.84	0.39
	موظف	864	4.01	0.78		

□ غير دالة على مستوى (α = 0.05)

خامسا: الفروقات في تصورات المبحوثين للأداء الوظيفي تبعا للجنس:

تشير المعطيات الإحصائية في الجدول رقم(38) إلى أنه يوجد فروقات ذات دلالة إحصائية لتصورات المبحوثين نحو(الأداء الوظيفي)، تعزى لمتغير النوع الاجتماعي، وذلك بسبب ارتفاع قيم(t) المحسوبة، وهي للجنس (t= 4.25)، مما يقتضي رفض الفرضية، والتي تنص على أنه لا توجد فروق ذات دلالة إحصائية في تصورات المبحوثين نحو(الأداء الوظيفي)، تعزى لمتغير النوع الاجتماعي.

ويبين الجدول رقم(38) أن الفروق بالنسبة للجنس كانت لصالح الذكور بدليل ارتفاع متوسطهم الحسابي، حيث بلغ متوسط إجابة الذكور(4.07)، ومتوسط إجابة الإناث(3.86).

الجدول رقم (39)

نتائج تحليل اختبار(t) لتصورات المبحوثين نحو(الأداء الوظيفي) تبعا لمتغير النوع الاجتماعي.

المتغير	النوع الاجتماعي	العدد	الوسط الحسابي	الانحراف المعياري	قيمة t المحسوبة	مستوى الدلالة
النوع الاجتماعي	ذكر	670	4.07	0.68	*4.25	0.000
	أنثى	249	3.86	0.73		

* ذات دلالة إحصائية على مستوى ($\alpha = 0.01$)

الفصل الخامس
الخاتمة والمناقشة والتوصيات

الفصل الخامس

الخاتمة والمناقشة والتوصيات

5. 1 الخاتمة:

هدفت هذه الدراسة إلى التعرف على أثر عملية التعلم التنظيمي في تحسين الأداء الوظيفي لدى العاملين في المؤسسات العامة الأردنية، ولتحقيق أهداف الدراسة تم تصميم وتطوير استبانة لغرض جمع البيانات، وتكونت عينة الدراسة من(919) مبحوثا، وقد تم اختيارهم بطريقة طبقية عشوائية، وأظهرت الدراسة درجة عالية من الصدق والثبات، حيث تم عرض أداة الدراسة على هيئة تحكيم مؤلفة من أساتذة الإدارة المختصين، بحيث أبقيت الفقرات التي نالت إجماع المحكمين، في حين تم إلغاء الفقرات التي أجمع عليها جميع المحكمين، وطورت الأداة إلى أن وصلت إلى (57) فقرة لتتناسب مع طبيعة الدراسة. أما بالنسبة للثبات فقد استخدمت طريقة الاتساق الداخلي لتقدير ثبات أداة الدراسة باستخدام طريقة(كرونباخ ألفا)، حيث بلغ معامل الثبات الكلي(0.91).

وتوصلت الدراسة إلى أن المتوسط العام لدرجة ممارسة التعلم التنظيمي في المؤسسات العامة الأردنية (البعد الاستراتيجي للتعلم التنظيمي، البعد التنظيمي للتعلم التنظيمي، البعد الثقافي للتعلم التنظيمي) جاءت بدرجة متوسطة، وأن المتوسط العام لمستوى أداء العاملين في المؤسسات العامة الأردنية كان مرتفعا، وأن هنالك أثرا لدرجة ممارسة التعلم التنظيمي في المؤسسات العامة الأردنية (البعد الاستراتيجي للتعلم التنظيمي، البعد التنظيمي للتعلم التنظيمي، البعد الثقافي للتعلم التنظيمي) في الأداء الوظيفي.

5. 2 مناقشة النتائج:

في ضوء ما تقدم فإن الدراسة خلصت للنتائج التالية:

1. أن المتوسطات الحسابية لتصورات المبحوثين على درجة ممارسة التعلم التنظيمي في المؤسسات العامة الأردنية (البعد الاستراتيجي للتعلم التنظيمي، البعد التنظيمي للتعلم التنظيمي، البعد الثقافي للتعلم التنظيمي) جاءت بدرجة متوسطة، وبلغ المتوسط الكلي لدرجة ممارسة التعلم التنظيمي في المؤسسات العامة الأردنية بلغ(3.32)، وقد احتل بعد البعد الاستراتيجي للتعلم التنظيمي المرتبة الأولى، بمتوسط حسابي بلغ(3.36)، يلي ذلك بعد البعد الثقافي للتعلم التنظيمي بمتوسط حسابي بلغ(3.31)، في حين جاء في المرتبة الأخيرة بعد البعد التنظيمي للتعلم التنظيمي بمتوسط حسابي بلغ(3.29). وهذا يشير إلى اعتقاد عام وواسع لدى العاملين في المؤسسات العامة الأردنية بضرورة وأهمية ممارسة التعلم التنظيمي لأنها تؤدي إلى تحسين أداء المنظمة ونجاحها وتحسين الأداء الوظيفي لدى العاملين. وقد يرجع السبب إلى العلاقة الوثيقة بين دعم الإدارة لعملية التعلم وبين ممارسة هذه العملية بسبب أهمية الأدوار القيادية التي لا بد أن تتبناها الإدارات العليا من حيث الحرص على وجود التصور المشترك لمهمة المؤسسة وأهدافها التعليمية، وبناء هياكل وفرق تنظيمية، والالتزام بتثقيف وتعليم العاملين في جميع المستويات الإدارية، ورصد الإمكانيات المادية والطاقات البشرية اللازمة لذلك. والتقت نتائج هذه الدراسة مع ما جاءت به دراسة (أبو خضير، 2006) والتي أشارت نتائجها إلى وجود تصورات إيجابية

لدى معهد الإدارة العامة نحو التعلم التنظيمي، والتقت أيضا مع ما جاءت به دراسة (أيوب، 2004) والتي أشارت نتائجها إلى أن ممارسة التعليم التنظيمي تميل إلى الإعتدال في المنشآت السعودية. والتقت أيضا مع ما جاءت به دراسة كنوديري وابيرتون(Konidari, and Abernot, 2006) والتي أشارت نتائجها إلى أن مديري المدارس تتوافر لديهم تصورات إيجابية نحو التعلم التنظيمي، والتقت أيضا مع ما جاءت به دراسة جوريليك(Gorelick, 2005) والتي أشارت نتائجها إلى أن التعلم التنظيمي يسهم في خلق المنظمة المتعلمة، والتقت أيضا مع ما جاءت به دراسة كاندكارا وشارما(Khandekar & Sharma, 2005) والتي أشارت نتائجها إلى أن التعلم التنظيمي واستراتيجية إدارة الموارد البشرية تسهم في تحقيق الميزة التنافسية. والتقت أيضا مع ما جاءت به دراسة زيتزمان وآخرون(Zietsman, et.al., 2002) والتي أشارت نتائجها إلى أن القدرة على التعلم التنظيمي والتحديث الاستراتيجي توجد في كل المنظمات، ما دام الأفراد والجماعات يقومون بعملية التعلم الحدسي، ويعطون العناية الكافية, ويقومون بتفسير خبراتهم وتجربتها في الواقع العملي.

2. إن المتوسطات الحسابية لتصورات المبحوثين على أبعاد البعد الاستراتيجي للتعلم التنظيمي في المؤسسات العامة الأردنية، (الرؤية المشتركة بين أعضاء التنظيم، المتغيرات البيئية، استراتيجية التعلم) جاءت بدرجة متوسطة، وبلغ المتوسط الكلي للبعد الاستراتيجي للتعلم التنظيمي في المؤسسات العامة الأردنية (3.36)، وقد احتل بعد الرؤية المشتركة بين أعضاء التنظيم المرتبة الأولى، بمتوسط حسابي بلغ(3.46)، يلي ذلك

بعد المتغيرات البيئية بمتوسط حسابي بلغ (3.36)، في حين جاء في المرتبة الأخيرة بعد استراتيجية التعلم بمتوسط حسابي بلغ(3.26).

3. إن المتوسطات الحسابية لتصورات المبحوثين على أبعاد البعد التنظيمي للتعلم التنظيمي في المؤسسات العامة الأردنية (العمل من خلال الفريق، الهيكل التنظيمي المرن، إيجاد المعرفة) جاءت بدرجة متوسطة، وبلغ المتوسط الكلي للبعد التنظيمي للتعلم التنظيمي في المؤسسات العامة الأردنية (3.29)، وقد احتل بعد العمل من خلال الفريق المرتبة الأولى، بمتوسط حسابي بلغ(3.39)، يلي ذلك بعد إيجاد المعرفة بمتوسط حسابي بلغ(3.32)، في حين جاء في المرتبة الأخيرة بعد الهيكل التنظيمي المرن بمتوسط حسابي بلغ(3.16).

4. إن المتوسطات الحسابية لتصورات المبحوثين على أبعاد البعد الثقافي للتعلم التنظيمي في المؤسسات العامة الأردنية، (التعلم من الأخطاء، البيئة المساندة للتعلم، الجودة الكلية للتعلم) جاءت بدرجة متوسطة، وبلغ المتوسط الكلي للبعد الثقافي للتعلم التنظيمي في المؤسسات العامة الأردنية (3.31)، وقد احتل بعد الجودة الكلية للتعلم المرتبة الأولى، بمتوسط حسابي بلغ(3.49)، يلي ذلك بعد البيئة المساندة للتعلم، بمتوسط حسابي بلغ(3.31)، في حين جاء في المرتبة الأخيرة بعد التعلم من الأخطاء بمتوسط حسابي بلغ(3.14).

5. إن المتوسط العام لفقرات مستوى أداء العاملين في المؤسسات العامة الأردنية بلغ (4.02)، مما يدل على ارتفاع مستوى أداء العاملين في المؤسسات العامة الأردنية، وقد احتلت الفقرة رقم(50) "أشعر بالسعادة حينما أؤدي عملي بدقة" المرتبة الأولى، بمتوسط حسابي بلغ(4.31) في

حين جاءت الفقرة رقم(57)، "أطلب دائما عملا أو مسؤوليات إضافية على العمل المطلوب مني للمؤسسة التي أعمل بها"، في المرتبة الأخيرة بين فقرات هذا المتغير، بمتوسط حسابي بلغ (3.52). وبالنظر إلى أبعاد فقرات هذا المتغير يتبين أن الفقرتين اللتين احتلتا المرتبتين الأولى والثانية يعبر محتواهما عن الشعور بالسعادة لتأدية العمل بدقة، وحسن وطيبة العلاقة مع الزملاء، أما الفقرتان التاليتان احتلتا المرتبة الثالثة والرابعة فيعبر محتواهما عن العمل باستمرار على تنفيذ التعليمات والأنظمة المتعلقة بالعمل، والرغبة بالبحث والتقصي عن الأفكار الجديدة في مجال العمل، في حين احتلت المرتبة الأخيرة الفقرة "طلب عمل أو مسؤوليات إضافية على العمل المطلوب للمؤسسة".

وتفسر هذه النتيجة أن ممارسة التعلم التنظيمي يسهم مساهمة فعالة في تحسين أداء العاملين، وجاءت نتائج هذه الدراسة متفقة مع ما جاءت به(المربع، 2004) والتي أشارت نتائجها أن هنالك علاقة قوية بين التطوير التنظيمي والأداء الوظيفي، وأن أهم معوقات التطوير التنظيمي ضعف سياسات التحفيز، واتفقت أيضا مع دراسة(الربيق، 2004) والتي أشارت نتائجها إلى أن الحوافز لها تأثير في فعالية الأداء الوظيفي، واتفقت أيضا مع دراسة(السويلم، 2003) والتي أشارت نتائجها إلى أن أقل استخدامات تقويم الأداء الوظيفي تتمثل في ضعف سياسات التحفيز للعاملين.

6. وجود علاقة ذات دلالة إحصائية لدرجة ممارسة التعلم التنظيمي في المؤسسات العامة الأردنية (البعد الاستراتيجي للتعلم التنظيمي، البعد

التنظيمي للتعلم التنظيمي، البعد الثقافي للتعلم التنظيمي) في الأداء الوظيفي. حيث بلغت قوة العلاقة الارتباطية(0.735).

7. إن البعد الاستراتيجي للـتعلم التنظيمـي(الرؤية المشـتركة بـين أعضـاء التنظيم، المتغيرات البيئية، استراتيجية التعلم)، تفسر(41.8%) مـن التبـاين في المتغير التابع(الأداء الوظيفي)، وإن البعد التنظيمي للتعلم التنظيمي(العمل مـن خـلال الفريق، الهيكل التنظيمي المرن، إيجاد المعرفة)، تفسر أيضا(52%) من التباين في المتغير التابع(الأداء الوظيفي)، وأن البعد الثقافي للتعلم التنظيمي(التعلم مـن الأخطاء، البيئة المساندة للتعلم، الجودة الكلية للتعلم) تفسر أيضا(50.4%) مـن التباين في بعد(الأداء الوظيفي).

8. وجود أثر للبعد الاستراتيجي للتعلم التنظيمي(الرؤية المشتركة بـين أعضـاء التنظيم، المتغيرات البيئية، استراتيجية التعلم) في الأداء الوظيفي، وإن الرؤية المشتركة بين أعضاء التنظيم قد احتلت المرتبة الأولى، وفسرت ما مقداره(35.3%) من التباين في المتغير التابع، تلاه متغير استراتيجية التعلم، وفسر مع متغير الرؤية المشتركة بين أعضاء التنظيم(39.8%) مـن التباين في المتغير التابع، ودخـل أخيرا متغير المتغيرات البيئية، حيث فسر مع المتغيرات السابقة ما مقداره (41.8%) مـن التباين في الأداء الوظيفي كمتغير تابع. وقد يعـود السبب في ذلك إلى أهمية وضوح توجه المؤسسة المستقبلي والأهداف التي تسعى لتحقيقها، كـذلك المركز الـذي ترغـب في الوصول اليه في تقديم الخدمة للمـراجعين، والاعتمـاد علـى الاتصالات في نشر ونقل المعلومـات إلى جميع العاملين حول هـذه التوجهـات المستقبلية، والأهداف المرغوب فيها، وأهمية تحقيقها، وتشجيع الابتكار

والإبداع في تقديم الاقتراحات والملاحظات، وتبادل الآراء حول الخطط البديلة.

9. وجود أثر للبعد التنظيمي للتعلم التنظيمي(العمل من خلال الفريق، الهيكل التنظيمي المرن، إيجاد المعرفة) في الأداء الوظيفي، وإن إيجاد المعرفة قد احتل المرتبة الأولى، وفسرت ما مقداره(46.4%) من التباين في المتغير التابع، تلاه متغير العمل من خلال الفريق، وفسر مع متغير إيجاد المعرفة (51.3%) من التباين في المتغير التابع، ودخل أخيرا متغير الهيكل التنظيمي المرن، حيث فسر مع المتغيرات السابقة ما مقداره(52%) من التباين في الأداء الوظيفي كمتغير تابع. ويمكن تفسير ذلك بأن أهم خصائص منظمات التعلم هي المرونة في هياكلها التنظيمية، والتي عادة ما تتطلب اعتماد المداخل الحديثة في إعادة هيكلة التنظيم، واستخدام فرق العمل المختلفة التي يشارك فيها العاملون من جميع الأقسام والمستويات الإدارية، لتسهيل عملية الاتصال والتنسيق وتبادل المعلومات الخاصة بالبيئة الداخلية والخارجية.

10. وجود أثر للبعد التنظيمي الثقافي للتعلم التنظيمي(التعلم من الأخطاء، البيئة المساندة للتعلم، الجودة الكلية للتعلم)، في الأداء الوظيفي، وإن الجودة الكلية للتعلم قد احتلت المرتبة الأولى، وفسرت ما مقداره(45.4%) من التباين في المتغير التابع، تلاه متغير البيئة المساندة للتعلم، وفسر مع متغير الجودة الكلية للتعلم (49.5%) من التباين في المتغير التابع، ودخل أخيرا متغير التعلم من الأخطاء، حيث فسر مع المتغيرات السابقة ما مقداره(50.4%) من التباين في الأداء الوظيفي كمتغير تابع. وقد يعود السبب إلى أن البعد الثقافي يعتبر من أهم

المحددات الهامة لممارسة التعلم التنظيمي حيث يركز على نقاط القوة لدى العاملين، ويعتبر أن الأخطاء التي تحدث في العمل فرصة لتعلم تجنبها في المستقبل، وتدعم تبادل المعلومات حول تقييم الأداء وتحفيز ومكافأة الأداء الجيد.

11. وجود فروقات ذات دلالة إحصائية لتصورات المبحوثين نحو(درجة ممارسة التعلم التنظيمي)، تعزى للمتغيرات الديموغرافية، (النوع الاجتماعي، المؤهل العلمي، العمر، الخبرة)، وذلك بسبب ارتفاع قيمة(F)المحسوبة عن قيمها الجدولية عند مستوى دلالة(0.01)، مما يقتضي رفض الفرضية التي تنص على أنه لا توجد فروق ذات دلالة إحصائية عند مستوى دلالة($\alpha \geq 0.05$) في تصورات المبحوثين نحو(درجة ممارسة التعلم التنظيمي)، تعزى للمتغيرات الديموغرافية(النوع الاجتماعي، المؤهل العلمي، العمر، الخبرة).

12. وجود فروقات ذات دلالة إحصائية لتصورات المبحوثين نحو(الأداء الوظيفي)، تعزى للمتغيرات الديموغرافية (النوع الاجتماعي، المؤهل العلمي، العمر، الخبرة)؛ وذلك بسبب ارتفاع قيمة(T)المحسوبة، عن قيمها الجدولية عند مستوى دلالة(0.01)، مما يقتضي رفض الفرضية، والتي تنص على أنه لاتوجد فروق ذات دلالة إحصائية عند مستوى دلالة($\alpha \geq 0.05$) في تصورات المبحوثين نحو(الأداء الوظيفي) تعزى للمتغيرات الديموغرافية(النوع الاجتماعي، المؤهل العلمي، العمر، الخبرة).

5. 3 التوصيات:

بناء على النتائج التي توصلت إليها الدراسة فأنها توصي بما يلي :

1- دلت النتائج المتعلقة بتصورات المبحوثين لدرجة ممارسة التعلم التنظيمي بأنها متوسطة، لذا يجب على المؤسسات العامة الأردنية تعزيز هذه الأبعاد، واستغلالها في عملية التعلم التنظيمي، عن طريق جهد شمولي مخطط، وخلق بيئة تنظيمية صحية تؤسس لبناء منظمات قابلة للتعلم.

2- نظرا للتحولات العالمية الحديثة مثل:- ظاهرة العولمة والتخاصية والتجارة العالمية فقد أصبحت المؤسسات العامة الأردنية تواجه تحديا داخليا وخارجيا، وهي عرضة للمتغيرات السريعة، ولكي تتواءم هذه المؤسسات مع المتغيرات فإن عليها تبني مفاهيم إدارية حديثة ومتطورة لمواكبة هذه التغيرات، ومن ضمن هذه المفاهيم مفهوم عملية التعلم التنظيمي؛ حتى تصبح هذه المنظمات أكثر قدرة على التكيف السريع مع المتغيرات العالمية.

3- ضرورة مراجعة القوانين والأنظمة والتشريعات القادرة على إحداث التغيرات التنظيمية والاجتماعية والثقافية والتعليمية ذات التأثير على سلوك الأفراد والجماعات داخل المؤسسات ، والتي تعيق إدخال النماذج والأساليب الإدارية المتطورة.

4- ضرورة السعي لتشجيع الانفتاح والمرونة في العلاقات التنظيمية والإنسانية بين الإدارة والعاملين، وذلك من خلال عقد الاجتماعات الدورية، والندوات، والنقد الذاتي البناء ومكافأة المتميزين والمبدعين،

وأي وسائل أخرى متاحة لتعزيز التعلم التنظيمي لـدى العـاملين في المؤسسات العامة.

5- تسليط الضوء على العوامل الديمغرافية الفاعلة في تحديد أثر عملية التعلم التنظيمـي في تحسـين الأداء الـوظيفي، واسـتثمار قـدرتها في تطـوير المواقـف الإيجابية، بما يخدم المؤسسات العامة الأردنية، كما يجب تسليط الضوء أيضا على العوامل الديمغرافية التي ظلـت محايـدة، ولم يكـن لهـا أي انعكـاس في تحديد الآثار المرجوة ، وذلك من خلال إعادة النظر بالشروط، ونظم التعيـين، والاستقطاب، ومن خلال الانفتاح على البيئة الاجتماعيـة، ودراسـتها، وتحليـل معطياتها بما يخدم الأهداف التنظيمية للمؤسسة.

6- ضرورة توجيـه الأبحـاث القادمـة إلى البحـث في متغـيرات أخـرى لم تتناولهـا الدراسة، مثل أثر إدارة المعرفة على عملية التعلم التنظيمـي، أو أثر التمكـين على عملية التعلم التنظيمي، وغيرها من المواضيع المتعلقـة بـأعمال العـاملين في المؤسسات العامة.

المراجع

أ. المراجع العربية:

أبوخضير، ايمان بنت سعود(2006) **التعلم التنظيمي لتطبيق مفهوم المنظمة المتعلمة بمعهد الادارة العامة**، رسالة دكتوراه غير منشورة، جامعة الملك سعود كلية التربية - قسم الادارة التربوية.

أيوب، ناديا حبيب (2004) دور ممارسة التعليم التنظيمي في مساندة التغيير الاستراتيجي في المنشآت السعودية الكبرى" **دورية الإدارة العامة**، مجلد 44، ع41، ص ص 63-134.

باكال, روبرت (1999). **تقييم الأداء**, ترجمة:موسى يونس, بيت الأفكار الدولية.

بدوي، أحمد زكي (1994). **معجم مصطلحات العلوم الإدارية**، ط2، القاهرة:دار الكتاب المصري.

الحاج قاسم، منير (1999)، **"العوامل المؤثرة على أداء مندوبي البيع العاملين في شركات التامين في الأردن"**، رسالة ماجستير غير منشورة، جامعة آل البيت، المفرق، الأردن.

حنفي، عبد الغفار (د.ت) . **السلوك التنظيمي وإدارة الموارد البشرية**، دار الجامعة الجديدة للنشر . الإسكندرية .

الحوامدة, نضال والفهداوي, فهمي (2002).أثر فضيلة التقوى في الأداء والرضى الوظيفي: دراسة ميدانية لاتجاهات بعض الموظفين الحكوميين, **مجلة مؤته للبحوث والدراسات: سلسلة العلوم الإنسانية**

والاجتماعية, جامعة مؤتة ,الكرك الأردن م (17)،ع (2)ص ص165-200.

الخزامى، عبد الحكيم. (1999). **تكنولوجيا الأداء من التقييم إلى التحسين**، القاهرة: مكتبة ابن سينا.

الحسيني، فلاح عداي، (2000)، **الإدارة الإستراتيجية، مفاهيمها، مداخلها عملياتها المعاصرة**، عمان، دار وائل للنشر.

الرفاعي, أحمد حسين. (2003). **"مناهج البحث العلمي"** الطبعه الثالثة دار وائل للنشر والتوزيع, عمان الأردن.

خميس ، توفيق محمد أحمد (1992) ، **تقييم الأداء الإداري لمديري الإدارات المتوسطة بديوان وزارة التربية بالجمهورية اليمنية من وجهة نظر مديري العموم بالوزارة ومديري الإدارات أنفسهم**، رسالة ماجستير غير منشورة، جامعة اليرموك إربد ، الأردن .

الدحلة, فيصل عبد الرؤوف (2001).**تكنولوجيا الأداء البشري, المفهوم وأساليب القياس والنماذج**, عمان, دائرة المكتبة الوطنية.

درة, عبد الباري إبراهيم (2003). **تكنولوجيا الأداء البشري في المنظمات**, القاهرة, منشورات المنظمة العربية للتنمية الإدارية.

ديل، مارجريت وإيلز، بول. (2002). **تقييم مهارات الإدارة**، ترجمة اعتدال معروف وخولة الزبيدي، الرياض: معهد الإدارة العامة، المملكة العربية السعودية.

الذنيبات، محمد محمود(1999). المناخ التنظيمي أثره على أداء العاملين في أجهزة الرقابة المالية والإدارية في الأردن ، **دراسات**، المجلد26، عدد1، ص ص 29-58.

الربيق، محمد بن إبراهيم محمد، (2004) "**العوامل المؤثرة في فاعلية الأداء للقيادات الأمنية في المملكة العربية السعودية**"، رسالة ماجستير غير منشورة، جامعة نايف للعلوم الأمنية الرياض، السعودية .

زايد عادل محمد (1993) **العلاقة التبادلية بين متغيرات التعلم الفردي والتعلم التنظيمي**، المجلد 1، العدد 1، منشورات جامعة الكويت، الكويت، ص ص 54-78.

السالم، مؤيد، وصالح، عادل. (2002). **إدارة الموارد البشرية: مدخل استراتيجي**، عالم الكتب الحديث للنشر والتوزيع، اربد، المملكة الأردنية الهاشمية.

السويلم، سامي بن عبدالرحمن(2003) **مجالات استخدام تقويم الأداء في الأجهزة الأمنية**، رسالة ماجستير غير منشورة، جامعة نايف للعلوم الأمنية الرياض.

الشاويش، مصطفى. (1990). إدارة الأفراد (الطبعة الأولى) الاسكندرية ،دار المعرفة الجامعية

عاشور، أحمد صقر (1990). **السلوك الإنساني في المنظمات** ، الإسكندرية، دار المعرفة الجامعية.

عباس، سهيلة، وحسين، علي. (1999). **إدارة الموارد البشرية** ط1 عمان: دار وائل للنشر.

عبد الله، محمد(2002). اتجاهات موظفي دولة الإمارات العربية المتحدة في المستويين الاتحادي والمحلي نحو نظم تقييم الأداء، **مجلة جامعة الملك سعود**، العلوم الإدارية، المملكة العربية السعودية، عدد (1)، مجلد 14، ص ص 114-139 .

عبد المحسن، توفيق محمد(2002). **تقييم الأداء ، مداخل جديدة لعالم جديد**، دار الفكر العربي، دار النهضة العربية.

العتيبي، آدم ، (1998) ،" أثر الخصائص الوظيفية والشخصية وقيم العمل على الأداء الوظيفي في القطاع الحكومي بدولة الكويت "، **المجلة العلمية لكلية الإدارة والاقتصاد** ، العدد9، الدوحة ، قطر ،ص ص81 - 126.

العديلي، ناصر (1995)، **السلوك الإنساني والتنظيمي (منظور كلي مقارن)**، الرياض ، معهد الإدارة العامة ، الرياض .

المربع، صالح بن سعيد (2004) بعنوان"**التطوير التنظيمي وعلاقته بالأداء الوظيفي في المملكة العربية السعودية**"، رسالة ماجستير غير منشورة، جامعة نايف للعلوم الأمنية الرياض.

مصطفى, إبراهيم والزيات, أحمد وعبد القادر,حامد والنجار, محمد (1960).**المعجم الوسيط,** ج1, إستطنبول المكتبة الإسلامية للطباعة والنشر والتوزيع، تركيا .

نصر الله، حنا(2001)، **إدارة الموارد البشرية**، عمان: دار وائل للنشر والتوزيع.

الهيتي، خالد. (2000). **إدارة الموارد البشرية: مدخل استراتيجي ط1**، عمان: دار الحامد للنشر والتوزيع.

هيجان، عبدالرحمن بن أحمد(1998) التعلم التنظيمي: مدخلا لبناء المنظمات القابلة للتعلم، **الإدارة العامة**، الرياض، مج(37)، ع(4)، ص ص 675-721.

اليامي، أحمد مـدواس،(2001)، "التقصي- عـن بعـض المتغـيرات المتوقـع أن تـؤثر عـلى سلوك البحـث عـن تغذيـة عكسـية عـن الأداء: دراسـة ميدانيـة" **دوريـة الإدارة العامة**، 40، ع4، ص ص 641-682.

يوسف ، درويش عبد الرحمن يوسف ، (1999) . العلاقة بين دافعيـة العمـل الداخليـة والالتـزام التنظيمـي والأداء الـوظيفي والخصـائص الفرديـة لـدى مـوظفي دولـة الامارات العربية المتحدة، **مجلة الإدارة العامة** 39(3)، ص ص 497-528 .

يوسـف، درويـش عبـد الـرحمن(2000)، إدراك العـاملين لنظـام تقـويم الأداء وعلاقتـه ببعض العوامل الشخصية والتنظيمية ، دراسة ميدانية عـلى عينـة عشـوائية مـن المنظمات بدولة الإمارات العربية ، **الإدارة العامـة** ، مجلـد 40 ، عـدد (3)، ، ص ص 575 – 609 .

ب المراجع الأجنبية:

Alutto, J.(1986),.**Job and Organization Questionnaire**, (Buffalo, State University of New York, PP15 – 25,

Argyris, C. and Schön, D. (1996) **Organizational learning II: Theory, Method and Practice, Reading, Mass**: Addison Wesley.

Barr Jason& Saraceno Francesco (2004)**Organization, Learning and Cooperation**, Paper provided by EconWPA in its series Computational Economics with number 0402001.

Bavon, S. (1995). "Innovations in performance measurement systems: A comparative perspective". **International Journal of Public Administration**, 18(2), pp. 491 – 519.

Beer, M. , Voelpel, S. , Leibold, M. & Tekie, E. (2005). "Strategic Management as Organizational Learning: Developing Fit and Alignment Through a Disciplined Process." **In Long Range Planning**, 38 (5), pp. 445-465

Berends Hans, Boersma Kees , Weggeman Mathieu (2003) "The Structuration of Organizational Learning" , **Human Relations**, Vol. 56, No. 9, pp.1035-1056

Bernard Burnes (1997) Organizational choice and organizational change, **Management Decision**, 35/10 , pp. 753–759

Bogdanowicz Maureen S.& Bailey Elaine K. (2001) **The Learning Organization: A Diverse Community of Knowledge Workers**, National Conference 2001 - Twentieth Anniversary Proceedings.

Calfert, G., Mobley, S. and Marshall, L. (1994) Grasping the learning organization. **Training and Development,** 48, pp. 38-43.

Chen, G. (2005). Chair, **Homology models: Generalizing organizational theories and practices to new levels.** Panel session conducted at the 20th Annual Conference of the Society for Industrial and Organizational Psychology, Los Angeles, CA.

Croasdell David T. & Murray E. Jennex (2005) **Knowledge Management, Organizational Memory & Organizational Learning Cluster,** Proceedings of the 38th Annual Hawaii International Conference on System Sciences (HICSS'05) - Track 8   p. 238

Crossan, Mary M, Berdrow, Iris.(2003) "Organizational Learning and Strategic Renewal," **Strategic Management Journal**, vol. 24, no. 11, p. 1087.

Daniel, Marlene. (1994). **An Ethnographic Study of An Open Space Technology Meeting: Self-Organization at Work**. Unpublished Ph.D. dissertation. Baltimore: University of Maryland.

Denton, J. (1998). **Organisational learning and effectiveness**. New York: Routledge.

Dixon, N. (1994), **The Organizational Learning Cycle: How We Can Learn Collectively**, McGraw-Hill, London.

Dvora Yanow (2000) Seeing Organizational Learning: A 'Cultural' View, **Organization**, Volume 7(2), pp. 247–268

Engelhard, J./Nägele, J. (2003): Organizational Learning within the Subsidiaries of Multinational Companies in Russia, in: **Journal of World Business**, Vol. 38, pp.262-277.

Friedman , Victor J. Friedman , Raanan Lipshitz , Micha Popper(2005) The Mystification of Organizational Learning , **Journal of Management Inquiry**, Vol. 14, No. 1, pp. 19-30.

Garavan, T. (1997), 'The learning organization: a review and evaluation', **The Learning Organization**, vol. 4, no. 1.

Garvin, DA (1993). **Building a learning organization**. Harvard Business Review, pp. 78-91.

Goh, S. (1998), 'Toward a learning organization: the strategic building blocks', SAM, **Advanced Management Journal**, vol. 63, no. 2, pp. 15-20.

Gorelick C (2005) Organizational learning vs the learning organization: a conversation with a practitioner, **The**

Learning Organization: An International Journal, Vol. 12, No. 4, pp. 383-388.

Grote, D. (2002). **The performance appraisal**, NewYork, NY: AMACOM.

Hasebrook , Joachim P.(2005) Learning in the Learning Organization, **Journal of Knowledge Management,**Volume 7, Issue 6.

Hawkins, Jan (1991). '**Technology-Mediated Communities for Learning: Designs and Consequences**', The Annals of the American Academy of Political and Social Science, pp. 159 -174.

Hodgkinson, M. (2000), 'Managerial perceptions of barriers to becoming a 'learning organization'', **The Learning Organization**, vol. 7, no. 3, pp. 156-167.

Inkpen, A.C. 1995. "Organizational Learning and International Joint Ventures", **Journal of International Management**, 1, pp. 165-198.

Jacqueline van der Bent & Jaap Paauwe and Roger Williams (1999) Organizational learning: an exploration of organizational memory and its role in organizational change processes, **Journal of Organizational Change, Management**, Vol. 12 No. 5, pp. 377-404.

Kennedy, D. (1995). Another century's end, another revolution for higher education. **Change**, 27, pp. 8-15.

Khandekar Aradhana & Sharma Anuradha (2005)Organizational learning in Indian organizations: a strategic HRM perspective, **Journal of Small Business and Enterprise Development** Vol. 12 No. 2, pp. 211-226

Konidari, Victoria; Abernot, Yvan (2006) From TQM to learning organisation: Another way for quality management in educational institutions, **International Journal of Quality & Reliability Management**, Volume 23, Number 1, pp. 8-26.

Lant, T., Milliken, F. & Batra, B. (1992). The role of managerial learning and interpretation in strategic persistence and reorientation: An empirical exploration. **Strategic Management Journal**, 13: pp. 585-608.

Lawrence E, Kafai, Y., & Resnick, M. (1996). Constructionism in practice: Designing, thinking, and learning in a digital world. **Journal of Management**, 22(3) pp. 485-505.

Loermans J.(2002)Synergizing the learning organization and knowledge management, **Journal of Knowledge Management**, Volume 6, Number 3, July 2002, pp. 285-294.

Lorange, P. (1996), 'A business school as learning organization', **The Learning Organization,** vol. 3, no. 5.

Marquardt, M. & Reynolds, A. (1994) **The global learning organization** (New York: Irwin Professional Publishing).

Marquardt, M.J. (1996): **Building the Learning Organization: A Systems Approach to Quantum Improvement and Global Success**, McGraw-Hill, New York.

McQueen, Jr N.F.K.; R.J.; Baker M.(1996) Learning and process improvement in knowledge organizations: a critical analysis of four contemporary myths, **The Learning Organization: An International Journal,** Volume 3, Number 1, January 1996, pp. 31-41.

Morrison Joline & Olfman Lorne(2001) **Knowledge Management, Organizational Memory and Organizational Learning,** Proceedings of the 34th Hawaii International Conference on System Sciences.

Mulholland P, Zdrahahl Z, Hatala D (2001) A methodological approach to supporting organizational learning, Int. J. **Human-Computer Studies** (2001) 55, doi:10.1006/ijhc.2001.0494.

Naquin, Sharon S.& Holton. Elwood F,(2002)" The Effects of Personality,Affectivity, and Work Commitment on Motivation to ImprovE Work ThrougLearning", **HUMAN RESOURCE**

DEVELOPMENT QUARTERLY, vol. 13, no. 4, pp. 357-372

Ortenblad, A. (2004), "The learning organization: towards an integrated model", **The Learning Organization,** Vol. 11 No. 2, pp. 129-44.

Pedler, M., Burgoyne, J. and Boydell, T. (1996) **The Learning Company. A strategy for sustainable development,** London: McGraw-Hill.

Popper, M. & Lipshitz, R. (2000) Installing mechanisms and instilling values: the role of leadership in organizational learning, **The Learning Organisation** 7(3) pp. 135-144.

Robey D & C Sales (1994) **Designing Organizations,** Burr Ridge Ill: Irwin

Rosemary Hill (1996) A measure of the learning organization, **Industrial and Commercial Training,** Volume: 28 Issue: 1, pp. 19 – 25

Roth, G. and Kleiner, A. (1995). **"Learning about Organizational Learning - Creating a Learning History." Cambridge, MA: MIT Center for Organizational Learning.** http:// www.solonline.org/static/research/workingpapers/18001.html.

Senge, Peter. (1990). **The Fifth Discipline: the Art and Practice of the Learning Organization.** New York: Doubleday.

Simon, H. (1991): **Models of my Life. Basic Books,** NY.

Sugarman, B. (2001). **"A Learning-Based Approach to Leading Change: Five Case Studies of Guided Change Initiatives." Society for Organizational Learning** .http:// www.solonline.org/repository/item?

Szilagyi, A. D. , & Wallace Jr. , M. J. (1990). **Organizational behavior and performance** (5th Ed.). New York: HarperCollins.

Taylor, M. Susan, Kay B. Tracy, Monika K. Renard,J . Kline Harrison and Stephen J. Caroll(1995). Due Process in Performance Appraisal: A Quasi Experiment in Procedural Justice. **Administrative Science Quarterly**, Vol. (40) No. (3)PP.

Williamson A.; Iliopoulos C.(2001)The learning organization information system (LOIS): looking for the next generation, **Information Systems Journal,** Vol 11, NO 1, pp. 23-41.

Yeo, R. K. (2006) "Learning institution to learning organization: kudos to reflective practitioners", **Journal of European Industrial Training** (UK), Vol. 30 No. 5, pp. 396-419.

Uma,Sekaran., 2004 **Research Mernods For Business,** Askill-Building Approach, 4h ᵗEdition, John Wileg and Sons, Ins., Newyork,.

Zietsma, C., Winn, M., Branzei, O. & Vertinsky, I. (2002). The War of the Woods: Facilitators and Impediments of Organizational Learning Processes. **British Journal of Management,** 13 (Special Issue), pp.6174.

فهرس المحتويات

الفصل الأول
خلفية الدراسة وأهميتها

2.1 مشكلة الدراسة. 9
3.1 أهمية الدراسة. 10
5.1 أسئلة الدراسة. 11
6. 1 فرضيات الدراسة. 11

الفصل الثاني
الإطار النظري والدراسات السابقة

1.2الإطار النظري. 15
2.2 الدراسات السابقة. 52

الفصل الثالث
المنهجية والتصميم

1.3 منهجية الدراسة. 65
3.3 عينة الدراسة. 66
3. 4 أداة الدراسة. 69
6.3 ثبات أداة الدراسة. 71

قائمة الجداول

Printed in the United States
By Bookmasters